# EL NIÑO Y SU MUNDO

EL NIÑO Y SU MUNDO
- - - - - - - - - - - - - - - - - -

# Enseña a tu hijo a concentrarse

Lee Hausner - Jeremy Schlosberg

Título original: *Teaching Your Child Concentration*
Publicado en inglés por LifeLine Press

Traducción de Patricia Shelly


Distribución exclusiva:
Ediciones Paidós Ibérica, S.A.
Mariano Cubí 92 – 08021 Barcelona – España
Editorial Paidós, S.A.I.C.F.
Defensa 599 – 1065 Buenos Aires – Argentina
Editorial Paidós Mexicana, S.A.
Rubén Darío 118, col. Moderna – 03510 México D.F. – México

© 1998 by Affinity Communications Corp. By arrangement with
Regnery, Inc., and the Alexander Hoyt Associates

© 2000 exclusivo de todas las ediciones en lengua española:
Ediciones Oniro, S.A.
Muntaner 261, 3.° 2.ª – 08021 Barcelona – España
(e-mail:oniro@ncsa.es)

ISBN: 84-95456-31-1
Depósito legal: B-35.189-2000

Impreso en Hurope, S.L.
Lima, 3 bis – 08030 Barcelona

Impreso en España – *Printed in Spain*

# Índice

PRIMERA PARTE: **La importancia de la concentración**

1. El don de la concentración . . . . . . . . 9
2. Evolución de tu hijo . . . . . . . . . 19
3. Mejorar la concentración . . . . . . . . 33

SEGUNDA PARTE: **Actividades y juegos**

4. Dibujo, manualidades y experiencias táctiles . . . 53
   - *De tres a cuatro años* . . . . . . . . . 54
   - *De cuatro a cinco años* . . . . . . . . 60
   - *De cinco a siete años* . . . . . . . . 63
   - *De siete años en adelante* . . . . . . . . 69

5. Juegos de hablar y escuchar . . . . . . . 75
   - *De tres a cuatro años* . . . . . . . . 76
   - *De cuatro a cinco años* . . . . . . . . 77
   - *De cinco a siete años* . . . . . . . . 83
   - *De siete años en adelante* . . . . . . . . 87

6. Música, sonido y movimiento . . . . . . . 89
   - *De tres a cuatro años* . . . . . . . . 90
   - *De cuatro a cinco años* . . . . . . . . 98

- *De cinco a siete años* . . . . . . . . . 99
- *De siete años en adelante* . . . . . . . . 101

7. Percepción y ejecución . . . . . . . . 103
  - *De tres a cuatro años* . . . . . . . . 104
  - *De cuatro a cinco años* . . . . . . . . 105
  - *De cinco a siete años* . . . . . . . . 111
  - *De siete años en adelante* . . . . . . . 120

TERCERA PARTE: **La concentración: cimiento del éxito y la felicidad**

8. Concentración, televisión y videojuegos . . . . 125

9. El papel de la escuela . . . . . . . . 131

10. Impedimentos para el aprendizaje relacionados con la concentración . . . . . . . . . 141

11. Concentración y potencial . . . . . . . 153

# Primera parte

# La importancia
# de la concentración

# ❦ Capítulo 1 ❧

# El don de la concentración

Parece que la concentración queda como idea desfasada en este mundo nuestro feliz de seguir tendencias, ahíto de navegar por la red y apremiado por el tiempo. Todo se sucede a una velocidad vertiginosa: los fragmentos de sonido que componen las noticias, la veloz edición de películas, el chorro de datos que mana de nuestros ordenadores. Es difícil saber qué fue primero, si el ritmo frenético de un mundo que rebasa con creces nuestra capacidad para ver y oír o la urgente necesidad de que nos informen y entretengan rápidamente.

Para mejor o para peor, éste es el mundo en el que criamos a nuestros hijos; concentrarse parece haber perdido sentido. Nuestra vida enloquecida y apresurada nos hace desistir del acto de centrar la atención; la sobrecarga de información disponible en la televisión y la avalancha de datos que nos proporciona Internet también nos dan la impresión de que *necesitamos* estar constantemente entretenidos, ser rápidamente informados y ponernos frecuentemente al día.

Si algo no capta de inmediato nuestro interés, nos sentamos con el dedo suspendido sobre el mando a distancia de la televisión o el ratón del ordenador, dispuestos a ver un programa o fijar la vista en una pantalla que nos haga olvidar, con la esperanza de ocupar satisfactoriamente unos cuantos minutos.

¿Apagar la televisión y leer un libro? Raras veces. ¿Debatir durante la cena los acontecimientos actuales? Difícilmente. La televisión emite a todo volumen nuestra serie favorita y no nos la querríamos perder. De acuerdo, ¿por qué no verla y luego apagar el televisor para comentar las ideas o temas presentados en la serie que tengan relación con nuestra familia? No. O el programa era demasiado trivial, o empieza otra serie. Y así va pasando la velada.

¿Es que la concentración ya no tiene utilidad? ¿Lo normal es que no podamos mantener la atención más allá de unos breves períodos de tiempo? A veces es fácil creerlo a juzgar por la cantidad de programas televisivos que parecen pensados para que cambiemos constantemente nuestro foco de atención e identifiquemos la distracción como una experiencia divertida y positiva. ¡Cómo para hablar de estímulo!

La verdad es que la concentración no está más desfasada que el aprendizaje. De hecho, mientras necesitemos aprender necesitaremos concentrarnos, ya que la concentración está en el mismo fondo del aprendizaje.

¿Por qué necesitamos concentración? Porque nuestro cerebro es limitado. Tan sólo podemos procesar una cierta cantidad de información a la vez. Si no pudiéramos seleccionar y concentrarnos en una sola cosa a la vez, y perseverar en ella el tiempo suficiente, no podríamos aprender ni siquiera a pensar.

Debemos seleccionar y concentrarnos. Una de las funciones más potentes de la concentración es la de suprimir pensamientos, pensamientos que no son necesarios de inmediato, que interferirían en lo que estamos haciendo, ya se trate de cruzar la calle o de desarrollar una nueva teoría física. Sin esta facultad para suprimir pensamientos, nuestra mente sería un revoltijo de sucesos aleatorios, incapaz siquiera de procesos cognitivos sencillos.

La concentración es tan importante que se la ha calificado de requisito previo fundamental de la inteligencia, e incluso se la ha igualado con la propia inteligencia.

La concentración, centrar la mente, es esencial para *percibir* lo que sucede a nuestro alrededor y para cribar esa información en busca de lo importante y lo relevante. Nos ayuda a discernir, por ejemplo, que la bocina del coche que acabamos de oír es, probablemente, una porción de información más importante que la hoja que acaba de caer de aquel árbol.

La concentración es esencial para *comprender* qué estamos leyendo u oyendo. Por ejemplo, la concentración nos ayuda a tomar buena nota de cuándo se aproxima una información esencial, quizá porque hemos visto una palabra clave en un texto, o porque algo está subrayado, o porque el profesor ha cambiado el tono de voz. Los niños e incluso los adultos con escasa capacidad de concentración pueden pasar por alto esos «indicios» tan obvios, y tienen auténticas dificultades con los de cariz más sutil.

Y la concentración es absolutamente esencial para la formación de la *memoria*. Tendemos a recordar aquello a lo que prestamos atención, especialmente si comprendemos su importancia y podemos ligarla a otros recuerdos. La concentración también es esencial para la rememoración y uso posterior de tales recuerdos.

Desde los primeros momentos de vida, el bebé empieza a aprender... y la concentración es la herramienta que utiliza. Pero la capacidad del recién nacido para concentrarse es limitada y primitiva. Tal capacidad se desarrolla con el tiempo, o por lo menos así debería ser. Este desarrollo no es automático. Podemos estimularlo u obstaculizarlo, y en ambos casos las repercusiones se harán sentir toda la vida.

Un niño que destaque por su capacidad de concentración probablemente destacará en el aprendizaje, en la escuela y en la vida. Un niño con escasa capacidad de concentración tendrá dificultades no solamente de índole intelectual —en la escuela y después—, sino también de índole emocional, puesto que las frustraciones derivadas de esa falta y de su pobre capacidad de aprendizaje pueden hacer muy penosa la vida social y personal del niño. Hay documentación importante que demuestra que las personas que en su infancia tuvieron problemas para concentrarse en la escuela no solamente tendían a pasar dificultades en su ocupación profesional,

---

**Buena noticia:
la concentración
puede enseñarse.**

---

sino que incluso sus probabilidades de meterse en aprietos con la ley eran mayores. Éstos son casos extremos, y no tenéis por qué asustaros si vuestro hijo de cuatro años es inquieto. Todos los niños son inquietos a esa edad. Pero lo cierto es que la concentración es esencial.

¿Afectan a nuestros hijos el ritmo enloquecido de la vida moderna y el estímulo de los nuevos medios tecnológicos? Resulta difícil creer que no, aunque su efecto preciso no siempre está claro. Los estudios demuestran que no sólo disminuye el rendimiento escolar de los niños, sino que éstos también presentan serias deficiencias en capacidad de concentración. Tomemos a Teddy, por ejemplo. Antes de cumplir los cuatro años varios profesores de educación infantil ya lo habían calificado de temperamental, inmaduro, individualista e hiperactivo. Esas evaluaciones siguen sin cambiar mucho, pero ahora sus profesores añaden que no rinde a la altura de su potencial.

A Teddy le resulta difícil quedarse quieto durante la hora de clase de historia. Raramente termina un trabajo, empieza uno y luego dirige su atención hacia otra cosa, trabaja un poquito en ella y la deja por otra. Cuando se implica en algo que le interesa y su profesor o su madre le dicen que ya es hora de hacer otra cosa, suele responder con un berrinche. Cualquier cambio de planes, por menor que sea, también le perturba: más berrinches. Cuando se les pregunta por el comportamiento de Teddy, sus padres suspiran y simplemente dicen: «Es un niño difícil de criar».

Salvo en raras ocasiones, Teddy tiene problemas para concentrarse y se distrae fácilmente. ¿Se trata de un niño de desarrollo lento que muestra la combatividad típica de los niños pequeños? ¿Se aburre quizá con los materiales didácticos tradicionales? ¿Su estilo de aprendizaje es diferente del de sus compañeros? ¿O es que Teddy tiene lo que se conoce por Desorden de Atención Deficitaria (DAD)?

En comparación con niños de otros países desarrollados, es veinte veces más probable que a los niños norteamericanos se les diagnostique hiperactividad o DAD. A muchos los tratan con fármacos específicos. También en Norteamérica es mucho más probable que a los niños lentos, difíciles o impetuosos se los califique de incapacitados para el aprendizaje.

Es cierto que algunos casos de DAD o incapacidad para el aprendizaje se deben a causas orgánicas o psicológicas profundas. Pero posiblemente el problema de la falta de concentración de muchos niños norteamericanos sea debido a las abrumadoras distracciones de su cultura. Muchos señalan a los videojuegos y la televisión, pero lo cierto es que los niños ven reflejado este comportamiento en sus padres, que llegan a casa del trabajo solamente para «vegetar» delante del televisor. Claramente no se trata sólo de la televisión, sino también de la tremenda agitación diaria, de la necesidad de recompensa instantánea y de un sistema educativo ineficaz y sobrecargado, entre otras cosas, lo que contribuye a la incapacidad de los niños para concentrarse.

Pero he aquí una verdad muy importante: la concentración puede enseñarse. Si nuestros hijos no aprenden a concentrarse es, en muchos casos, porque algo en esta sociedad, cultura o sistema educativo lo obstaculiza.

¿La solución? Sencilla. Enseñarles.

Aprender a concentrarse significa aprender a aprender. Lo cierto es que si no les enseñamos a concentrarse, nunca aprenderán como es debido.

Los diagnósticos de DAD proliferan en los Estados Unidos; un experto afirma que están alcanzando «proporciones epidémicas». Sin duda, la concentración es una cualidad que merece la pena fomentar en los niños, pero nuestra sociedad no lo hace y lo que es más, seguramente estamos propiciando lo contrario. El libro que tenéis en vuestras manos es un paso adelante para enseñar a vuestros hijos una valiosa herramienta de la que se servirán toda la vida. Además de la actividades descritas, probad a predicar con el ejemplo: leed en lugar de «apalancaros» delante del televisor, iniciad el diálogo y disponeros a la acción para aprender cosas nuevas y retadoras. Vuestro ejemplo puede mostrar el buen camino a vuestros hijos desde muy pequeños.

Si dudáis de que la capacidad de concentración del niño pueda mejorar enseñándole a cultivarla, pensad en los bebés. Los bebés *nacen* con una capacidad de atención muy limitada. La capacidad para concentrarse, para aprender gracias a la fijación de la atención y a la facultad de recordar, es una de las habilidades más importantes que *adquieren* a medida que su sistema nervioso y su cerebro se desarrollan. Y como padres y educadores podemos —y debemos— estimular el adecuado desarrollo de tal habilidad.

¿Cómo? Pues bien, después del amor incondicional de los padres, el único y más importante instrumento de desarrollo para los bebés y los niños es, probablemente, el juego. El juego —el tipo de juego adecuado— es el gran maestro, y no solamente para los seres humanos. Virtualmente todos los mamíferos, y muchas otras especies, juegan, no sólo porque sea divertido sino también porque el juego es esencial para el crecimiento físico, intelectual y emocional.

De eso trata el libro. Por medio de juegos y actividades variados, os enseñará a ayudar a vuestros hijos a desarrollar la concentración. Vosotros aprenderéis técnicas sencillas ajustadas a cada edad que, con el tiempo, ayudarán a vuestros hijos a desarrollar una buena capacidad de concentración. De hecho, como buenos padres que sois, seguramente ya habéis empezado a enseñarles sin que os hayáis dado cuenta...

¿Recordáis aquellos días en que, incluso antes de que pudiera hablar, el niño disfrutaba a más no poder arrojando un juguete fuera de la cuna? Padres concienzudos, vosotros lo recogíais para que el niño pudiera volver a tirarlo. Y así una y otra vez, hasta mucho después de haber pasado el primer momento de admiración ante su agilidad, de que vuestra espalda hubiera empezado a protestar y estuvierais deseando que el bebé se *distrajera* de ese juego. ¿Os felicitasteis por ayudar a vuestro hijo a desarrollar su poder de concentración? Probablemente no. Pero eso era precisamente lo que estabais haciendo. Recompensabais al niño por centrarse en ese juguete aunque lo perdiera momentáneamente de vista. Indicabais al bebé que es bueno perseverar en una actividad. Y con vuestra participación continuada en la actividad dabais ejemplo de perseverancia y practicabais algo que los psicólogos llaman «foco compartido» (concentrarse en algo *con* el niño), lo que le forma en su habilidad para concentrarse.

Casi desde el mismo momento del nacimiento, el bebé ya tiene cierta habilidad para enfocar la vista. Podemos verlo en el bebé que detiene resueltamente la mirada en el rostro de la persona que lo sostiene, como

> **Los juegos de este libro se basan en la destreza natural del niño para concentrarse.**

queriendo fijar a esa persona tan importante en su mente. Esta mirada es el principio de la facultad de concentración.

En realidad, en los inicios de la vida, los oídos realizan mejor trabajo de enfoque. Un bebé es capaz de distinguir las voces antes que las caras. A los tres días, el recién nacido puede diferenciar si quien habla es su madre o no y demostrará su preferencia por la voz de la madre. Al cumplir las dos semanas de vida, no solamente será capaz de distinguir entre la voz de su padre y las de otros varones, sino que también preferirá la voz de su padre.

A medida que mejore su sentido y alcance de la vista, el bebé llegará a distinguir el rostro de su madre del de un extraño. Si ve la cara de su madre pero oye una voz extraña, o ve una cara extraña mientras habla su madre, el bebé apartará la vista. Esto indica que ya es capaz de establecer una relación clara de correspondencia entre la voz y el rostro.

La cara de mamá. La voz de papá. Forman parte de las primeras cosas que aprende cualquier niño y las aprende igual que muchas cosas de la vida: por una detenida observación que conduce a

## ¿La concentración es clave para el amor, el poder y el éxito económico?

D esde que William Shakespeare definió la falta de concentración como «la enfermedad de no escuchar, la dolencia de no registrar», varios escritores famosos han reflexionado sobre la influencia de la concentración —o su falta— en la felicidad, en el mal de amores y en las consecuencias de las acciones sociales.

El filósofo francés del siglo XVII Nicolás de Malebranche, consideraba que la «atención del intelecto» era una «plegaria natural por medio de la cual obtenemos la iluminación de la razón».

Pero la mayoría de nosotros podemos estar agradecidos de que la motivación para concentrarse no siempre tenga que ser tan dramática o condicional como el crítico y conversador inglés Samuel Johnson creía cuando afirmaba categóricamente que nada concentra tan prodigiosamente la mente de un hombre como cuando sabe que lo van a ahorcar al cabo de quince días.

Si la necesidad de iluminación y la ansiedad acerca de la muerte nos motivan para concentrarnos, por lo visto sucede lo mismo cuando estamos enamorados, al decir del poeta John Keats, que equipara la concentración con la intensidad de los sentimientos que muchos hemos experimentado cuando estamos separados de nuestro nuevo amor. «Cada hora que pasa estoy más y más concentrado en ti; todo lo demás me sabe a broza.»

Atribuyéndole una importancia casi mítica, Ralph Waldo Emerson, el célebre ensayista y poeta del siglo XIX, decía que la concentración era el «secreto de la fuerza en la política, la guerra, el comercio; en resumen, en toda administración de los asuntos humanos». El escritor austríaco del siglo XX Stefan Zweig, más conocido por sus biografías psicoanalíticas, se hacía eco de los sentimientos de Emerson cuando calificaba a la concentración de «el eterno secreto... de todo logro mortal».

Por último, el siempre práctico Elbert Hubbard, escritor y editor norteamericano, que se hundió con el *Lusitania*, hablaba de la importancia de «la concentración de la mente en cualquier cosa que a la larga meta algo en el bolsillo». Parece un buen consejo para todas las épocas.

la firme implantación del recuerdo. Como sucede con muchas de las cosas que aprendemos, el proceso no es consciente. El bebé no piensa en «fijarse» o «memorizar» más de lo que lo hará cuando aprenda a hablar.

Pero a lo largo de su evolución y crecimiento, esta fijación instintiva de la atención en las características, acciones y conducta del resto de la familia —así como de otras personas— es crucial para su desarrollo. Al fin y al cabo, gran parte de lo que los niños aprenden es a través de la observación o la imitación. Este tipo de aprendizaje se introduce en lo que el psicólogo británico Alan Baddeley llama «guión», que puede considerarse como un paquete integrado de información social del que los niños se sirven para interpretar o entender un suceso o una situación determinada. Por ejemplo, decir a vuestro hijo que vais a cenar a un restaurante evoca un «guión de restaurante» en su mente, que contiene toda la información que el niño en desarrollo posee sobre los restaurantes.

De forma natural, los niños ponen un enorme esfuerzo en este tipo de aprendizaje. La energía que dedican a la observación y la concentración hacen de ellos grandes mimos. Cuando les encontramos exhibiendo uno de nuestros hábitos más vergonzosos, ¡desearíamos que nuestros hijos no fueran capaces de concentrarse tan bien! Pero las investigaciones demuestran que esta misma habilidad —que podéis fomentar— será muy útil a los niños en edad escolar porque sus logros serán mayores.

La concentración es, en parte, una destreza incorporada y la razón por la cual todos los bebés poseen la facultad de concentrarse desde el nacimiento. Pero eso no significa que no podamos perfeccionar y contar con esa facultad. Si lo pensamos, casi todas nuestras habilidades —desde respirar a bailar y a programar ordenadores— son, hasta cierto punto, «incorporadas». Y aun así, todas pueden perfeccionarse mediante la formación. Incluso la respiración y si no... ¡preguntemos a un corredor de maratón!

## UN VIAJE ASOMBROSO

Por supuesto, todo empieza en el cerebro, y la habilidad del niño para concentrarse aumenta a medida que el cerebro evoluciona. Hay muchos aspectos de la concentración —y tipos de concentración— que serán inaccesibles para los niños hasta que su sistema nervioso haya alcanzado un determinado grado de madurez. Sin embargo, cuando el cerebro llega al grado de madurez requerido, la habilidad para concentrarse se aprende ante todo y sobre todo gracias a la experiencia y a la práctica.

Empecemos. Primero veremos someramente cómo se desarrolla el cerebro del niño, ayudándoos a entender mejor cómo y cuándo prestar ayuda a ese desarrollo. Después veremos más detenidamente qué es la concentración y cómo fomentarla, puesto que esto os proporcionará mejor comprensión del funcionamiento de los juegos y ejercicios y de cómo os ayudarán a ayudar a vuestro hijo.

Al término de los capítulos explicativos de los juegos, quedarán por exponer algunos temas importantes, como la influencia de la televisión y los videojuegos, el sistema educativo actual y algunas orientaciones sobre el DAD.

Recordad: podéis hacerlo. La pura verdad es que ya lo estáis haciendo —enseñar concentración, quiero decir— por instinto, de una forma natural, igual que la aprende vuestro hijo. Queremos ayudar a padres e hijos a hacerlo un poco mejor, a través del juego, el instrumento de aprendizaje más natural jamás creado. ¡Divertíos!

# Capítulo 2

# Evolución de tu hijo

¡Acabas de tener un niño! Y ahí está el recién nacido, guapo y dormido, asiendo con sus cinco deditos sólo uno de los tuyos. Tu bebé ya está iniciándose en la experiencia vitalicia de las sensaciones humanas. Prepárate, porque has desatado una «vorágine de aprendizaje» con una necesidad inherente de succionar actividad mental.

En el origen de esa vorágine está un cerebro complejo que los autores Robert Ornstein y Richard Thompson comparan con una «casa destartalada». De acuerdo, no es una forma muy halagüeña de pensar en tu bebé, pero sirve para entender que la diferencia de potencial entre el cerebro del recién nacido y el de, pongamos por caso, los cachorros de tu gata, reside precisamente en el tamaño y potencial de desarrollo del modelo «destartalado».

Ten en cuenta lo siguiente: un gatito llega al mundo con un cerebro que casi ha alcanzado su tamaño total y su capacidad de experiencia. Mientras que el cerebro del bebé en el momento del nacimiento está lo bastante desarrollado para que el niño sea sensible al tacto, al dolor y a los cambios de postura corporal, sus destrezas sensoriales e intelectuales continuarán desarrollándose durante años e incluso décadas, y posiblemente a lo largo de toda su vida.

El cerebro del bebé crecerá y se desarrollará, y la forma en que el niño sea criado, estimulado e instruido puede alterar su evolución... para bien o para mal.

A medida que las experiencias de la vida le proporcionen estímulo, el cerebro del bebé —que al principio tiene solamente el 25 por ciento de su peso adulto— seguirá aumentando de tamaño. Cuando el niño llega a los seis años de edad, su cerebro tiene el tamaño de un pomelo y es casi idéntico al de un adulto. A los doce años, el sistema nervioso y el cerebro del niño, que ahora pesa casi tanto como una col, habrán avanzado desde las acciones primordialmente reflejas (¿recuerdas sus deditos asiendo uno tuyo?) a un punto en el que puede entregarse al pensamiento abstracto.

El complejo cerebro del recién nacido y su sistema nervioso le permiten ver, oler y (tan pronto como el oído medio queda limpio de fluido anmiótico) oír desde el mismo nacimiento. Es capaz de distinguir entre salado y dulce y probablemente prefiere este último sabor. A las dos semanas de vida, distingue entre un blanco con forma de ojo de buey (lo prefiere) y un círculo en blanco. Al mes, distingue una cara de lo que no son caras, y prefiere la cara.

Tu hijo empieza a adquirir conocimientos que se almacenan en su cerebro concentrándose instintivamente en los objetos, las actividades o las interacciones que tienen lugar a su alrededor. Durante el primer año de vida, el *movimiento* es una de las cualidades fundamentales que impulsan al niño a estar alerta y concentrarse. El movimiento de los objetos, los contactos repentinos y los sonidos pulsátiles fijarán su atención y le permitirán desarrollar gradualmente una variedad de lo que se conoce por «representaciones esquemáticas», recuerdos del pasado que puede comparar con la información presente para considerar las diferencias.

Para desarrollar la concentración, el recién nacido necesita esta estimulación neurológica progresiva. Un móvil que oscila o un juguete que rebota dejarán incesantemente una impresión en su diminuto cerebro con cada repetición de movimiento. Incluso a tan temprana edad, tu hijo puede fácilmente fijar la mirada unos treinta segundos en un objeto que se mueve, hasta que otra cosa —un ruido, otro juguete— le distrae.

A los dos meses de vida, han comenzado el proceso de la memoria y el proceso cognitivo. A esta edad tu bebé, despierto y perspicaz, puede detectar la diferencia entre un motivo de rayas y otro totalmente gris, así como entre las líneas rectas y las líneas curvas. Está especialmente interesado en los colores rojo y naranja. Y es capaz de distinguir entre las notas musicales do y do sostenido. (¡Quizá ni tú estés seguro de poder distinguirlos!)

A los tres meses, disfruta mirándose las manos y diferencia el rostro de su madre del de un extraño. A los cuatro, el bebé ya distingue las caras alegres de las caras tristes, aunque es incapaz de comprender la emoción que expresan los distintos rostros.

Alrededor del hito de los siete meses, sus facultades de concentración y atención se han desarrollado hasta el punto en que empieza a notar los detalles y es capaz de jugar o entretenerse solo durante breves períodos de tiempo. Hacia los ocho meses, empieza a imitar a los demás, a asir dos juguetes y examinarlos y a intentar coger juguetes que están fuera de su alcance. Sobre los once meses, son muchas las cosas que atraen su interés y su atención, en especial los juguetes y la gente. Estos simples actos de coger y de mirar son los inicios de la inteligencia.

Todos estos avances son resultado del crecimiento del cerebro. Y al mismo tiempo, el cerebro también se ocupa de eliminar determinados «circuitos» neurológicos que se establecieron durante los meses de gestación. Este proceso desemboca en la creciente habilidad del niño para inhibir ciertas reacciones genéricas y automáticas y para desarrollar otras más específicas y conscientes. En esencia, el intelecto comienza a eclipsar el instinto cuando el cerebro del niño aprende y crece. La concentración «alimenta» su cerebro hambriento entregándole toda la información posible. Aprendiendo a concentrarse mejor, el niño se centra lo suficiente como para dar máxima importancia a la cantidad de datos que se le envían; de ahí que sea cierto que un entorno estimulante dé al cerebro «alimento» para el pensamiento.

A medida que se cierran los circuitos «automáticos», se establecen nuevos circuitos que son la base del aprendizaje. Esto es

## ¿La televisión es el enemigo?

Tu hijo está tan atento a su programa de televisión favorito que no logras atraer su atención. ¿Está demasiado «concentrado» en el programa para responder? Si has notado que la vehemente facultad de tu hijo para fijar la atención no se traslada a los deberes escolares y domésticos, felicítate por ser un padre alerta y observador. Precisamente porque la televisión es lo que es —animada, vívida, rápida— no favorece la verdadera concentración.

Puesto que salta de una imagen a otra, la televisión ni estimula ni da tiempo al niño espectador para detenerse a pensar en las ideas presentadas, así como tampoco le inspira para imaginar o deducir por sí mismo las consecuencias de ciertas acciones. Antes de que tu hijo tenga tiempo de activar su proceso reflexivo, ya hay otra imagen en la pantalla y luego otra.

Los estudios informan que los niños ven la televisión entre 25 y 54 horas semanales, más horas de las que muchos pasan en la escuela. Por supuesto que siendo así, la televisión ejerce una influencia innegable sobre tu hijo. ¿Pero afecta mucho a su capacidad de concentración? El debate sobre este tema es amplio (como se verá en el capítulo 8), pero muchos investigadores advierten que la televisión puede tener un efecto adverso sobre la concentración. Por ejemplo, el psiquiatra Matthew Dumont sugiere que el ritmo acelerado de la televisión —sus «cambios incesantes de cámara y enfoque», que obligan a los espectadores a cambiar de punto de referencia cada pocos segundos— podría de hecho programar y fomentar el desarrollo de períodos de atención de corta duración. Otro experto dice que ver televisión es «ver zombie».

Esto podría asustar a aquellos padres que consideran que la televisión es un canguro semieducativo. De hecho, incluso quienes más abogan *por* el valor de la televisión, instan a los padres a vigilar su contenido y a limitar el tiempo que los niños pasan viéndola. Por tanto, quizá poner un cuaderno de dibujo, una revista, un libro científico o un guante de béisbol en la mano de tu hijo fuera una solución mejor.

cierto no sólo en el caso de los humanos, sino de muchas otras especies con un cerebro relativamente avanzado, es decir, cerebros que funcionan por aprendizaje tanto como por instinto. En un experimento famoso se comparaba el cerebro de ratas que vivían solas en sus jaulas, sin juguetes ni nada que hacer en todo el día, con el

> **La clave está en desarrollar la capacidad de concentración durante períodos de tiempo cada vez más largos.**

cerebro de otras ratas que vivían en grupos y podían jugar con muchas ruedas, pelotas, etc. Las ratas que tenían algo que hacer desarrollaron más circuitos cerebrales y de mayor complejidad.

Las conexiones cerebrales de un lado del cerebro o del otro acaban siendo ligeramente más fuertes dependiendo de la estimulación externa y del uso del lado derecho o izquierdo del cuerpo. Los expertos afirman que la falta de estimulación externa durante los primeros meses de vida pueden afectar grave y negativamente el crecimiento del cerebro y del sistema nervioso del niño. No es que buena parte del cerebro del recién nacido no esté fisiológicamente formado en el momento del nacimiento; claro que lo está. Pero muchos de los nervios implicados en los procesos mentales superiores todavía están inmaduros: necesitan la formación y la información que solamente da la concentración para poder alcanzar su plena capacidad y madurez.

La concentración es tan importante para el niño porque es la única manera de crear una configuración neurológica en el cerebro. Estas sendas neurológicas son lo que constituyen la memoria, el pensamiento abstracto y los procesos de pensamiento superior. La única forma de desarrollar y favorecer estas sendas es mediante la repetición y la fijación de la atención. Por ejemplo, si lanzas mil pelotas de baloncesto al día, estás entrenando tu mente y tu cuerpo en esa configuración de actividad neurológica. Puede que nunca llegues a ser Michael Jordan, pero habrás entrenado a tu cerebro para realizar esta tarea rápida y eficazmente utilizando tus poderes dc concentración. Indudablemente encestarás más veces que la persona que sólo entrena una vez al mes.

Así pues, ocupando a tu hijo en actividades diferentes, retadoras y estimulantes (como los juegos de los capítulos 4 al 7), estás preparando distintas sendas neurológicas. Aunque no se utilice cada senda de inmediato, piensa que es un entrenamiento para el futuro o un ejercicio de la mente. En esencia, centrándose en diferentes actividades en las que intervengan todo tipo de destrezas de concentración, el cerebro está aprendiendo a aprender.

De acuerdo, esto es una simplificación neurológica de lo que sucede en el cerebro. Y el desarrollo del niño no se reduce a la neurología. La psicología ha hecho aportaciones cruciales para comprender lo que sucede desde el punto de vista de su desarrollo a medida que evoluciona la habilidad del niño para concentrarse.

El psicólogo infantil Jean Piaget llevó a cabo los primeros y más incisivos estudios sobre la forma en que los niños aprenden y desarrollan la memoria. Piaget creía que el aprendizaje era un proceso estructurado y organizado que tiene lugar cuando las experiencisa nuevas se superponen y combinan con los conocimientos adquiridos anteriormente. Naturalmente, Piaget no es el único psicólogo notable en este campo, pero sus investigaciones han influido profundamente en nuestra comprensión del desarrollo del niño.

> **Desarrollar tempranamente la concentración acelera el proceso de aprendizaje e incrementa las probabilidades de que el niño tenga éxito en la vida.**

Según Piaget, el desarrollo intelectual del niño se produce en cuatro etapas cronológicas distintas caracterizadas por formas de pensamiento cualitativamente diferentes. No hay cambio o distinción clara o abrupta entre una etapa y la siguiente; los niños las atraviesan de una manera lenta e integrada. Además, los teóricos del aprendizaje han descubierto que los niños tienen la capacidad de desarrollarse y aprender cosas incluso antes de lo que Piaget pensaba. Durante todos estos períodos, la mayor fuente de conocimiento y aprendizaje es, primero, la experimentación y después, la formación. Precisamente por eso es tan crucial tomar medidas activas, como los juegos y actividades de este libro, incluso a una edad temprana. Este tipo de formación en concentración puede sacar provecho de la conciencia expansible del niño y tener un gran impacto en el futuro éxito de tu hijo en su vida.

En el esquema que Piaget hace del desarrollo cognitivo, el desarrollo sensorial y motor domina el crecimiento del niño durante los dos primeros años. Los niños aprenden a manipular objetos, a desplazarse y a iniciar acontecimientos. Su percepción y su memoria comienzan a estar organizados, pero ni sienten demasiada curiosidad por los resultados ni tienen la noción de retener los conocimientos que les proporcionan los resultados. En palabras de un autor, a un niño de dos años le encanta ayudar a mamá a pasar una bayeta por la mesa, pero no le importa mucho si queda limpia cuando ha acabado. Lo que le encanta es el proceso físico.

Durante este tiempo, el pequeño adquiere un poco de competencia mediante lo que el psicólogo Jerome Bruner llama «juego de maestría». Por ejemplo, el bebé de seis meses primero repara en un objeto, alarga la mano, lo coge y se lo mete en la boca. Está totalmente concentrado en el objeto y en consecuencia, consigue una primera noción del objeto. Para entenderlo mejor, puede que lo agite, lo golpee contra algo cercano, lo tire y que se ocupe en otras actividades que le digan más sobre ese objeto concreto. Y, como ya sabemos, su cuerpo está atareado enviando mensajes neuronales al cerebro. Garantizado que, pese a no ser un tipo de aprendizaje muy complejo, para cuando el niño esté preparado para aprender álgebra, por ejemplo, ya tendrá puestos los cimientos de la concentración, el descubrimiento y el aprendizaje que le ayudarán a prestar atención y evitar la distracción mientras escuche a su profesor de matemáticas. Por eso la temprana estimulación táctil, es decir, que tenga a su alcance muchos objetos interesantes,

## ¿Televisión o libros?
## Vacuidad mental contra cualificación personal

Por enésima vez, lees a tu hijo su cuento favorito. Es un momento de intimidad y quietud pero sobre todo (aunque quizá ni te des cuenta), ya has empezado a enseñar a tu hijo a escuchar y prestar atención. Has empezado a trasmitir a tu hijo el conocimiento de que los momentos tranquilos son importantes y especiales. Pronto los cuentos y el tiempo que pasáis juntos se prolongarán más porque tu hijo va desarrollando de forma natural la habilidad para concentrarse durante períodos de tiempo más largos y, con el desarrollo del lenguaje, los dos podréis hablar sobre el cuento.

Leer tiene un cierto número de ventajas sobre la televisión en lo que respecta a la concentración. Por su propia naturaleza, la lectura —y especialmente leer en voz alta— os permite a ti y a tu hijo controlar el ritmo al que se recibe y entiende la información. Puedes detenerte y releer algo que antes no hayas entendido del todo o comentar las sensaciones que despierta un poema o un cuento. Tus hijos están aprendiendo a reconocer su necesidad de reexaminar el material o recurrir a otra fuente en busca de más información. Están desarrollando la capacidad de ponderar las implicaciones y consecuencias de determinadas acciones, de pensar clara y analíticamente y de prestar atención a sus tumultos internos.

Cuando lees para ti, y lees para tus hijos, estás modelando una forma básica de sustentar la concentración. Con el hecho de ir a la biblioteca a por libros y de llevar libros en trayectos de cualquier duración, estás demostrando que los libros, al contrario que la televisión, son fácilmente accesibles y transportables. Tu hijo aprende que lleva el control; no tiene por qué permitir que la televisión le dicte cuándo y cómo le entretendrán o le instruirán.

La televisión es, en buena medida, un recorrido de dirección única, que seduce pasivamente a tu hijo con sus imágenes. Los libros, por otra parte, siempre están a mano y absorben de forma activa la mente de tu hijo y le envían a un recorrido de dos direcciones. Le ayudan a concentrarse y a desarrollar sus habilidades imaginativas, a evaluar su vida, sus deseos y sus temores.

de colores vivos (¡y seguros!) para explorar, es tan importante para el desarrollo del niño.

Entre los quince y los veinticuatro meses, el niño aumenta su capacidad de concentración para persistir en pequeños objetivos y para saber cuándo los ha conseguido. Frecuentemente esto lo denota el hecho de que el niño sonríe para sí mismo sin necesidad de buscar la confirmación de un adulto, lo que otro psicólogo, Jerome Kagan, llama «sonrisa privada, no social». Esto es significativo porque indica una floreciente vida interior y la creciente sensación de satisfacción y contento del niño. Centrando la atención en algo (un tenedor difícil de sujetar) el niño aprende a saborear las recompensas de la concentración y así sonríe y se arrulla feliz mientras come. El éxito repetido, el aliento de los padres y la creciente confianza resultante son fundamentales para el desarrollo de la concentración, especialmente para la capacidad de perseverar en una tarea. La frustración conduce a la inhibición y a la negativa a probar cosas nuevas... una catástrofe para el desarrollo del niño.

Desde los dos a los siete años, los niños empiezan a activar sus habilidades sensoriales y motoras y a poseer mayor control sobre ellas. Ahora no solamente absorben y procesan información aleatoria, sino que también interactúan más con su entorno y desarrollan destrezas de concentración más maduras. Comienza el desarrollo del lenguaje y los niños son capaces de crear representaciones internas de su mundo, si bien es un mundo totalmente egocéntrico. Los cinco años es el momento ideal para que los niños se inicien en juegos de concentración formativos y polifacéticos, porque toda su evolución cognitiva, verbal, sensorial y motora está a punto de completarse; además se pueden emplear argumentos y reglas más complejos recurriendo a una capacidad de pensamiento que ya está mucho más desarrollada.

En el período que va de los siete a los once años, los niños desarrollan la habilidad de formar ideas concretas y de aplicar la lógica a éstas. Se estabilizan conceptos tales como longitud, masa y volumen, que pueden aplicar a diversas situaciones. También pueden prestar atención a actividades que no requieran tanta energía sensorial, dedicando más tiempo a un rompecabezas, una casa de muñecas o un relato de fantasía épica, por ejemplo.

Alrededor de los once o doce años y en adelante, nuestros hijos entran en el período en el que las capacidades adultas del razonamiento, la abstracción y la simbolización van emergiendo gradualmente. Estos procesos superiores han llegado a desarrollarse gracias al aprendizaje temprano de habilidades relacionadas con la concentración. Además, la interacción social y las costumbres ya son claras y, para nuestra consternación, a menudo los jóvenes empiezan a escoger con esmero aquellas que creen que son buenas o aprovechables.

## EL DESAFÍO DE LA EDUCACIÓN DE LOS HIJOS

La clave para criar hijos atentos está en alargar el período de tiempo en que el niño puede concentrarse, dentro de unos límites adecuados. Como ya hemos dicho, la verdadera habilidad para concentrarse es instintiva: cualquier niño es capaz de concentrarse en cualquier cosa que le pongan delante. Así pues, el verdadero desafío está en desarrollar la capacidad de concentrarse y de apartar la distracción durante períodos de tiempo cada vez más largos. A medida que el niño avanza en su formación escolar y el material de aprendizaje va haciéndose más complejo, debe ser capaz de concentrarse durante períodos prolongados, sin importar lo aburrida que pueda ser tal clase o tal conferencia. Los juegos y actividades de este libro te proporcionarán una ventaja inicial. Comenzando tempranamente con el proceso de desarrollo de la concentración, estás acelerando el proceso de aprendizaje y ofreciendo a tu hijo un componente importante de éxito vital.

Unas cuantas advertencias: puesto que las capacidades cognitivas individuales maduran a diferente ritmo en cada niño, es importante, al emplear las actividades de este libro, que respetes el grado de madurez y de habilidad de tu hijo. Ten presente que muchos niños pequeños solamente pueden retener en la cabeza un par de cosas a la vez. Pueden prestar atención a las dos instrucciones que oyen y llevarlas bien a cabo, pero no son capaces de concentrarse en una larguísima lista de instrucciones. Por tanto, decir a un niño que vaya al baño, se ate los zapatos, coja la chaqueta y la mochila y espere en la puerta para que esté listo cuando vengan a recogerle dentro de diez minutos, para él puede ser una experiencia abrumadora y desconcertante. Cuando todavía está intentando atarse los zapatos, es fácil que tú te enfades y le digas: «¡Te acabo de decir que te prepares!, ¿es que no me haces caso?». Obviamente, esto afecta a su imagen de sí mismo. ¿Y sabes qué? Tampoco le ayuda a concentrarse mejor en lo sucesivo.

Seguro que cuando vas a misa o a cualquier otro acto formal, has visto a un niño que no podía parar quieto, un pequeño de cuatro años contorsionándose en su asiento, mirando a su alrededor,

## Motricidad

El desarrollo de una buena coordinación motora —en sí misma una forma de concentración— es un hito importante para los niños, y los investigadores la vinculan con el rendimiento escolar. Especialmente en los primeros cursos, los niños más diestros parecen tener una notable ventaja sobre escolares menos desarrollados. Esto es cierto, dicen los expertos, porque los niños con facultades motoras más y mejor desarrolladas pueden reproducir lo que ven o imaginan sin atascarse en el desempeño físico del proceso. Y no solamente se sienten más sueltos para hacer lo que idean, sino que su pericia para hacer trabajos por escrito con rapidez y exactitud refuerza su capacidad de atención. Esto, a su vez, les lleva a un continuo buen desempeño en el aula, al aumento de la automotivación e incluso a que mejoren aún más sus habilidades para concentrarse.

«batiendo palmas» con los zapatos. ¿Y qué has pensado al verlo? Seguramente que era un mocoso de mal carácter o un malcriado. ¿Estoy en lo cierto? Pues bien, la conducta del pequeño era totalmente apropiada para un niño de cuatro años, incluso para uno ejercitado en las buenas formas. Ahora bien, si el niño gritaba, corría por los pasillos y tironeaba del pelo de su madre, ése hubiera sido el comportamiento inadecuado. Recuerda: no impongas a tu hijo normas adultas en lo que respecta a la concentración, el aguante o la etiqueta. Un niño atento y educado puede comportarse bien, pero existen límites en razón de su edad.

A medida que madure y aumente su experiencia, tu hijo será gradualmente capaz de realizar mayores proezas en relación con la concentración. Sea cual sea el nivel en que el niño tenga éxito, necesita aliento y elogio para que piense de sí mismo que es competente. Tu estímulo es una motivación importante para que el niño continúe haciendo tentativas en pro de la concentración. Sé consciente, también, de que los padres no suelen ser los mejores jueces en cuanto a lo que es adecuado para la edad del niño, a su grado de logro y capacidad en razón de ella, ya que tienden a ver a su hijo subjetivamente y quieren que destaque por encima de los demás.

También es importante saber cuándo retirarse y dejar que los niños capten conceptos y centren su atención de forma espontánea. Las investigaciones demuestran, por ejemplo, que en el caso de los niños más pequeños, la concentración se fomenta mejor cuando los padres favorecen la independencia del niño y no lo dirigen demasiado. A la «terrible» edad de los dos años, los niños se enfadan mucho cuando no son capaces de estar a la altura de lo que un adulto les pide o impone. Pero en cambio sienten una satisfacción inmensa si llevan a cabo una tarea con una mínima intervención de sus padres.

A todas las edades, los niños necesitan tiempo y ocasión para explorar y aprender solos, para experimentar y observar lo que sucede durante el tiempo que haga falta. Correr a ayudar a un niño antes de que haya pedido ayuda, ata al niño a los padres. Esto no significa que debáis dejar al niño sin vigilancia; significa que, como padres, podéis empezar a aprender unas cuantas actitudes básicas que serán los cimientos de un hogar en el que la concentración es valorada.

Luego entraremos en detalles, pero vayan por delante algunos principios fundamentales para mejorar la concentración del niño:

- ALENTAR en lugar de disuadir;
- EVITAR las interrupciones;
- COLABORAR en lugar de controlar.

Estimulad la natural inclinación de vuestro hijo para concentrarse en tareas que son particularmente interesantes para él, y demostradle que invertir tiempo y esfuerzo es una manera aceptable —e incluso deseable— de comportarse.

Por último, y no podemos insistir lo suficiente en esta idea: presionar al niño para que culmine con éxito todo cuanto hace es inútil. ¿Lo habéis entendido todos? *Presionar al niño para que culmine con éxito todo cuanto hace es inútil.* A menos, claro está, que queráis propiciar la neurosis. Una parte sutil pero importante de la posesión de destrezas que favorezcan el buen aprendizaje y la buena concentración es una actitud positiva, fortalecida por la confianza en el niño. Ayúdale a ser consciente de todas las formas en que puede concentrarse y recordar; no te empeñes en aquellas formas de concentración que no es capaz de llevar a cabo. Sus incipientes habilidades, aunadas a tu apoyo, incrementarán inconmensurablemente su sentido de la autoestima y la autoconfianza.

# Capítulo 3

# Mejorar la concentración

¿Así que conseguiremos mejorar la concentración?

Primero necesitamos adquirir una idea más clara de lo que es concentración y cómo funciona. Veremos que tiene distintos componentes o tareas, que definiremos. Mejorando en cada una de estas tareas, los niños, y hasta los adultos, pueden mejorar su capacidad de concentración, lo que significa mejorar la mismísima capacidad de aprender.

Una advertencia. La concentración es una de las más importantes entre todas las habilidades humanas... una verdadera piedra angular de la mente. Pero nuestros conocimientos sobre el funcionamiento de la mente o del cerebro están muy lejos de haberse completado, y por tanto ocurre lo mismo en lo que se refiere a la concentración. Sin embargo, hemos aprendido muchísimo en las últimas décadas. Y aunque todavía hay grandes vacíos en nuestros conocimientos, lo que sabemos puede ayudarnos a entender qué es la concentración y cómo podemos mejorarla.

¿Recordáis los últimos días de clase en el colegio, a finales de la primavera, cuando ya veíamos muy cerca las vacaciones de verano? Yo los recuerdo vívidamente, sobre todo cuando la primavera iba avanzando hacia el verano: mis compañeros de clase y yo estábamos cada vez más revoltosos —y más propensos a las risitas— con cada día que nos aproximaba al final del curso escolar. Nuestra pobre profesora parecía un disco rayado. «Calmaos ahora mismo», decía. «Concentraos en vuestro trabajo», imploraba. «Estaos quietos», nos exhortaba. «Prestad atención», exigía una y otra vez.

«¡Prestad atención!» Concentración significa prestar atención. Algunos diccionarios definen la concentración como «dirección de la atención hacia un solo objeto». Y si consultas la mayoría de los libros de psicología infantil, no encontrarás la palabra «concentración» en el índice. Hoy en día, los psicólogos generalmente se refieren a lo que llamamos concentración como «atención», «duración de la atención» o «capacidad para fijar la atención».

> **¿Por qué es más fácil concentrarse y aprender si hay cierta dificultad?**

¿Hasta qué punto es importante esa capacidad? Pues lo cierto es que no podríamos utilizar la mente sin ella. En palabras de un científico eminente, la concentración o la atención «es enfocar la consciencia», el proceso por el que seleccionamos o de nuestro consumo sensorial actual —vista, oído, tacto, etc.— o de nuestra memoria, la información que necesitaremos para resolver un problema tan complejo como redactar una definición de concentración o tan sencillo como escoger un par dieces en una mano de póquer.

Presentamos una muestra famosa de investigación experimental que ayuda a aclarar lo importante que es esta habilidad para «ajustar» la concentración. Hay dos grupos de niños. El primero está compuesto por estudiantes que aprenden bien, resuelven problemas y tienen un excelente rendimiento escolar. En el segundo grupo hay estudiantes poco dados a aprender y que tienen dificultades en la escuela. Ambos grupos realizan una prueba en la que se les pide que hagan dos tareas *al mismo tiempo*, una tarea «primaria» y una tarea «secundaria». La tarea primaria puede consistir en leer un pasaje breve y responder unas preguntas sobre éste. La tarea secundaria —que intentan hacer mientras leen— podría ser escuchar al profesor recitando números al azar y levantar la mano cada vez que el profesor dice dos veces seguidas el mismo número.

¿Quién lo hace mejor? Pues bien, como seguramente ya habrás adivinado, los buenos estudiantes realizan mejor la primera tarea. Pero aquí viene la sorpresa. Los no tan buenos estudiantes superan a los anteriores en la segunda tarea. ¿Por qué? No es porque sepan mejor cuándo coinciden dos números. Si ésa es la *única* tarea, los buenos estudiantes también la hacen mejor. El motivo de que el segundo grupo de estudiantes ejecute mejor la tarea secundaria es porque *no* son tan hábiles concentrándose. El primer grupo se concentra tanto en la tarea principal de leer el pasaje que apenas oyen lo que dice el profesor. Pero el otro grupo se distrae fácilmente de la tarea principal, de tal manera que oyen lo que dice el profesor y realizan mejor la tarea secundaria.

¿Cómo funciona la concentración? No está nada claro, pero sí la entendemos lo bastante para que nos ayude a nosotros y a nuestros hijos a perfeccionarla.

Para empezar, sabemos que podemos decirle a nuestra mente que se concentre... aunque ella no siempre coopere. En buena parte es automática, y motivo por el que damos un brinco cuando oímos la bocina de un coche, pese a que medio segundo antes no estuviéramos pensando que hay que oír las bocinas de los coches porque indican peligro. Pero en mayor medida, la concentración es el resultado de un esfuerzo deliberado. Cuando nuestra profesora nos decía que prestáramos atención, sabíamos de qué hablaba. Poseemos «recursos de atención» y, dentro de unos límites, podemos decidir «darlos» o asignarlos a una tarea determinada. Cuanto mejores seamos en este particular, mejor nos concentraremos, mejor aprenderemos (formando memoria) y mejor resolveremos problemas.

Un aspecto que se ha confirmado (aunque de algún modo ya lo sabíamos hace miles de años) es que en realidad cuesta menos concentrarse en y aprender materias de cierta dificultad que si son extremadamente fáciles. ¿Parece raro? Pues piensa en algún asunto enjundioso sobre el que tengas conocimientos, pero que no sea totalmente agobiante. Un truco nuevo en las leyes impositivas en el caso de un asesor fiscal, un precedente legal novedoso en el caso de un abogado, una nueva pieza de maquinaria en el caso de un mecánico. Todos ellos asuntos de enjundia. Ahora piensa en algunos números: el 4, el 12 y el 5, por ejemplo. Fácil.

La nueva información sobre la fiscalidad o cualquier cosa complicada —y hay muchas—, es importante. Los números son sencillos y dan poca información (fuera del contexto de un problema matemático). Pero precisamente por esta razón tendrás menos dificultades en prestar atención y luego recordar la esencia de un artículo o conferencia sobre uno de esos asuntos complejos que si intentas escuchar o recordar una serie aleatoria de cien números puesta en una lista o leída en voz alta. Individualmente, los números son tan «fáciles», tan carentes de significado, que parece que nuestro cerebro no es capaz de apoderarse de ellos y retenerlos. Los expertos en memoria que utilizan estratagemas mnemónicas para recordar cosas tales como listas aleatorias de números, de hecho son capaces de recordarlas *complicando mucho más* la lista, por ejemplo asociando cada número con otra imagen mental. El resultado es que hay más información que recordar, pero en este caso acaba siendo más fácil que recordar menos información.

Los experimentos de lectura arrojan un resultado similar. Cuando un buen lector lee un pasaje de un texto que contiene algo de información importante y también un poco de «paja», aminoran el ritmo de la lectura al llegar a la parte importante, se esfuerzan más para comprenderla y la recuerdan mucho mejor que la «paja».

¿Por qué? Como hemos visto en el capítulo anterior, el cerebro aprende a base de establecer series nuevas de circuitos electroquímicos entre las neuronas, a medida que recibe nueva información. De modo parecido a los circuitos cargados o descargados del ordenador, ese sistema parece almacenar la información. No toda la información que pasa por nuestros sentidos se graba. El cerebro parece tomar una «decisión» para grabar cierta información y construir nuevos circuitos. Aparentemente (aquí la ciencia aún tiene mucho que hacer), cuantos más circuitos se establezcan o modifiquen como reacción a un dato o datos informativos, más probable es que recordemos esa información. Y si la nueva información se relaciona fácilmente con información anterior para la que ya existen circuitos, es todavía más probable que construyamos circuitos nuevos y eficaces.

Los números aleatorios no se relacionan con casi nada; tienen poco significado. («¿Por qué me lees esta sarta de números sin sentido?») A menos significado, posiblemente menos construcción de circuitos, menos que «ligar» a la memoria. Esas complicadas estratagemas mnemónicas pueden estimular más construcción de circuitos, haciendo posible que se recuerden los números.

Por otro lado, la información que es extremadamente difícil de entender puede abrumarnos, haciendo imposible que prestemos atención. Una vez, en la universidad, me apunté a un curso muy técnico para el que no estaba preparada. Las ponencias carecían de todo significado para mí y no pude recordar una sola cosa, ni siquiera tomar apuntes aprovechables. Mis compañeros, mejor preparados, me decían que las ponencias eran magníficas, que abrían nuevos horizontes, pero yo, lo único que pensaba era «¿por qué este hombre no para de soltar monsergas?», justo antes de echar a volar la imaginación. Para mí aquellas ponencias eran tan memorables como si el profesor se hubiera puesto a recitar una sarta de números cualquiera.

Recuerda esto; más adelante será importante. Una cierta dificultad en aquello que se aprende, estimula la concentración y edifica la mente. Pero la dificultad excesiva suprime la concentración y conduce a la frustración, el aburrimiento y a darse por vencido.

A veces nos parece que la concentración es como un trabajo. Lo es. Los piscopedagogos hablan de «esfuerzo» en procesos mentales tales como la «atención continuada». Estos «esfuerzos» pueden

## Mnemotecnia: el arte de la memoria

Según la mitología, debemos dar gracias a Mnemósine, diosa griega de la memoria y madre de las Musas, por nuestras facultades memorísticas. De su nombre deriva la palabra «mnemotecnia» (la m inicial no se pronuncia), que se refiere a cualquier estrategia que nos ayude a organizar y recordar información.

En el siglo i a. C., el orador romano Cicerón narraba la historia del poeta Simónides y la primera hazaña de memorización. Alrededor del año 500 a. C., un noble de Tesalia encargó a Simónides que cantara un poema lírico en un banquete. La noche de la celebración, se derrumbó el techo de la sala de banquetes, aplastando a todos los invitados excepto a Simónides, que en ese momento estaba fuera. Recordando los lugares en que estaban sentados los invitados, Simónides fue capaz de ayudar a los parientes a identificar los cadáveres. En virtud de esta habilidad, a Simónides se le considera el inventor del arte de la memoria.

Si reflexionamos sobre su experiencia, convendremos en que Simónides inventó el primer sistema de imaginación visual de la mnemotecnia. Seguramente visualizaría una habitación (un «palacio de la memoria») y luego «colocaría» los diversos objetos que quería recordar en lugares especiales repartidos por la habitación. Cuando necesitaba recordar esos objetos, simplemente «miraba» mentalmente en el lugar adecuado. Muchas de las técnicas mnemónicas visuales que se utilizan hoy en día son variantes de la técnica de Simónides. Los estudios demuestran, por ejemplo, que el palacio de la memoria es una técnica eficaz y popular para enseñar lenguas extranjeras.

Tú también puedes utilizar algunas de estas técnicas de visualización con tus hijos. Pídeles que cierren los ojos y describan la cocina de su abuela, o que sean creativos y describan las cosas que imaginan que llevaba Caperucita en su cesta. Ayudándoles a centrar la atención, los niños pueden «ver» cosas que corrientemente no verían, y el que las describan también les ayuda a mejorar su destreza verbal.

ser conscientes o inconscientes, pero amplios estudios indican que durante estos momentos de gran esfuerzo es cuando el cerebro aprende y razona. Y la ciencia incluso ha encontrado algunas evidencias de que es posible medir cuándo nos hallamos en un estado de intensa atención, por ejemplo, por la disminución del ritmo cardíaco.

Repasemos un momento. Sabemos qué hace la concentración: es esencial para aprender y configurar la memoria. Es esencial para extraer de la memoria la información apropiada que necesitamos para trabajar en un problema. Es esencial para el razonamiento y de hecho para todo pensamiento, porque si no pudiéramos centrar la mente no seríamos capaces de utilizarla eficazmente. Los investigadores han observado que algunos niños con DAD/hiperactividad agudas, causada por un aparente defecto cerebral, carecen lisa y llanamente de esta «función selectora». Literalmente no pueden excluir de su mente los pensamientos irrelevantes. Pero hasta cualquiera de nosotros, con sólo las dificultades normales para concentrarnos, podemos sufrir este problema muchas veces al día: cuando nos sucede decimos que «hemos perdido el hilo de nuestros pensamientos». Sabemos que estábamos pensando muy seriamente en algo importante tan sólo unos momentos antes, pero entonces se nos ha colado otro pensamiento o acontecimiento y ahora ni siquiera somos capaces de recordar en qué estábamos pensando. Esto es una interrupción de la concentración, una pérdida de atención.

Y también sabemos un poco cómo funciona la concentración: una persona con buena capacidad de concentración indica al cerebro, consciente o inconscientemente, que cierta información es importante y que debe ser guardada o procesada. Esta indicación resulta en la formación o modificación del sistema de circuitos cerebrales. Es más fácil (y más probable que el cerebro forme un sistema de circuitos útil) concentrarse en información que seamos capaces de comprender, en información extraordinaria e importante incluso cuando ésta entraña cierta dificultad y en temas para los cuales ya tenemos algunos circuitos colocados. Es de lo más difícil concentrarse en la información aleatoria o sin sentido y, por tanto, es igualmente difícil retenerla en la memoria. Y cuanto más utilizamos y requerimos información, más probable es que nos concentremos en ella y la aprendamos de memoria.

Por todo esto podemos comprobar que la concentración tiene diversos componentes o aspectos. Comprendiendo los diferentes componentes de la concentración podemos comprender qué estamos intentando enseñar y por qué los juegos y ejercicios de este libro nos ayudarán a nosotros y a nuestros hijos a concentranos más y mejor.

## COMPONENTES DE LA CONCENTRACIÓN

La concentración tiene tres componentes básicos:

1. Discriminación.
2. Intensidad.
3. Duración del esfuerzo.

Algunos investigadores enumeran unos cuantos más o alguno menos, pero en realidad hablan de estos tres. Veamos en detalle estos componentes.

1. A la discriminación a veces se la llama «selección» o incluso «búsqueda» (aunque lo cierto es que la búsqueda es un subaspecto de la discriminación). En pocas palabras, «discriminación» es la forma de concentración que dice al cerebro en qué concentrarse.

He aquí un ejemplo: si a un grupo de estudiantes se les dan por adelantado unas preguntas que pueden contestarse gracias a un texto que están a punto de leer, se concentrarán en las partes del texto que respondan a las preguntas y prestarán menos atención al resto del texto. Eso es discriminación, en este caso asistida por potentes «indicaciones» externas. Por lo común los lectores no disponen de indicaciones tan explícitas. Ésta ya es una tarea de discriminación más exigente y una destreza extremadamente importante.

Sea cual sea la edad y grado de destreza, quienes aprenden bien están marcados por su superior capacidad para descubrir y prestar atención a las indicaciones adecuadas, no solamente en la lectura sino en cualquier tarea; poseen una capacidad de atención más eficaz que la de quienes son más lentos en el aprendizaje. Los niños que son más rápidos en identificar las indicaciones relevantes aprenden más rápido.

Por fortuna, sabemos que los niños pueden aprender y de hecho aprenden a discriminar y a perfeccionarse en este aspecto. Podemos ayudarles con un tipo de formación adecuada. Practicar la lectura y *estudiar* materias de una dificultad apropiada puede hacer mejorar nuestra capacidad de discriminación casi automáticamente. Pero las investigaciones demuestran que ayudar a los niños con indicaciones, a la larga les capacita para encontrar indicaciones ellos solos.

Al principio, o al emprender una tarea nueva, los niños a los que se les dice explícitamente a qué indicaciones deben estar atentos son capaces de concentrarse y aprender mejor. Los niños pequeños son demasiado inexpertos e inmaduros para desarrollar estrategias propias que les permitan descubrir pistas por sí solos. Pedirles que lo hagan sin ayuda o sin pistas perjudica su capacidad de concentración. Desde los nueve años en adelante, sin embargo, los niños empiezan a ser capaces de formular estrategias propias. Los niños hiperactivos se benefician más de las instrucciones o indicaciones estratégicas que los niños no hiperactivos.

Las indicaciones no siempre son instrucciones verbales. A veces, una indicación consiste simplemente en realizar primero una tarea similar pero más fácil. El niño consigue un éxito gratificante, de manera que estará más dispuesto a trabajar un poquito más en la tarea siguiente, y también recoge indicios sobre la forma de encontrar información importante para este tipo de tarea.

Por ejemplo, en el capítulo 7, ofrecemos distintas variaciones de un juego que se llama *Concentración*. Es prácticamente imposible pedir a niños de cinco y seis años que jueguen a este juego con las cincuenta y dos cartas de la baraja. Se frustrarán y abandonarán porque tienen que manejar demasiada información. La «indicación» —intentar recordar dónde están las cartas desparejadas cuando las vuelves cara abajo— es demasiado difícil de aplicar con tantas cartas, y así no aprenderán. De hecho, el «juego» puede terminar en lágrimas, frustración o silencio obstinado. Pero empezad el juego con seis cartas (tres parejas) o una docena (seis parejas), y aprenderán. Pronto te asombrará ver al pequeñajo jugando diestramente con toda la baraja, una gran ayuda para desarrollar memoria de corto plazo (de trabajo) y los otros dos aspectos de la concentración detallados más adelante.

Las indicaciones táctiles suelen dar mejor resultado para ayudar a niños de tres y cuatro años a concentrarse en objetos y a discriminarlos correctamente. El aprendizaje táctil no solamente es una forma de aprendizaje importante y con frecuencia desatendida, sino que también, practicar esta forma de discriminación afectará en el futuro, clara y positivamente, a otras formas de aprendizaje. Hay todo un capítulo de juegos dedicado a la concentración táctil.

Cómo mejora el niño en destrezas de aprendizaje tan fundamentales como la lectura es un tema profundo, íntimamente ligado con las operaciones del cerebro. Un pequeño ejército de psicopedagogos y otros científicos dedican su vida profesional a investigar y debatir tales asuntos. Pero no todos los ejemplos de concentración tienen que ver con cuestiones tan profundas. A veces, a los niños sólo les hace falta aprender indicaciones y estrategias cotidianas sensatas, preferiblemente a través de la experiencia.

Piensa en aquella prueba con truco que quizá te hayan hecho en algún curso o cursillo, donde el profesor advertía que se leyeran todas las preguntas antes de empezar la prueba. Una de las últimas preguntas informaba de que no era una verdadera prueba y que no había que realizarla. Quienes al principio no prestaban atención a las instrucciones y empezaban a responder las preguntas, fallaban la prueba por no reunir primero toda la información relevante. Los que resultaban engañados, probablemente ya no necesitaban aprender esa lección dos veces. En esto también puedes ayudar con el ejemplo. En festividades o cumpleaños, antes de empezar a montar un juguete recién regalado, ¡*lee* las instrucciones!

2. Intensidad de esfuerzo. Sabemos que intentar concentrarse conscientemente puede favorecer el aprendizaje (aunque en condiciones inadecuadas, como sucede cuando la presión es excesiva puede, de hecho, surtir el efecto contrario). Incluso cuando no somos conscientes de nuestro esfuerzo, es posible que lo tengamos trabajando para nosotros. Recuerda que la capacidad de dirigir nuestro esfuerzo se la debemos a la discriminación. La discriminación nos da la señal para calentar motores, como hacen los lectores cuando llegan a los pasajes importantes.

Sabemos que, dentro de ciertos límites, aprendemos mejor cuando nos ponemos las cosas un poco difíciles. Para memorizar un discurso, por ejemplo, generalmente no basta con leerlo varias veces. Las palabras nos acaban pareciendo tan conocidas que dejamos de prestarles atención, y nos enteramos de muy poco o de nada. Para fijar el discurso en la memoria da mucho mejor resultado ensayar las frases en voz alta sin mirar el texto. (También podemos utilizar métodos más eficaces, como por ejemplo, reglas mnemotécnicas.) Las tareas más difíciles exigen más atención y una vez que «prestamos» tal atención, es más probable que aprendamos y recordemos. Esfuerzo equivale a recordar.

También sabemos que nuestra capacidad para el esfuerzo mental, igual que para el esfuerzo físico, es limitada. Y sabemos que podemos aumentar esta capacidad con la práctica. Sin embargo, no comprendemos cómo produce su efecto el «entrenamiento» del cerebro tan bien como comprendemos de qué modo el entrenamiento muscular consigue resultados.

En parte, la razón de que seamos más capaces de concentrarnos intensamente con la práctica podría tener relación con el sistema de conexiones nerviosas del cerebro. Es posible que la práctica nos haga más eficaces a la hora de establecer conexiones. O quizá es que un cerebro con más circuitos en funcionamiento tenga más facilidad para aumentar circuitos. Pero parte del efecto es claramente consciente y psicológico, incluso emocional. Cuando experimentamos un estado de concentración intensa *y* reconocemos que produce los resultados deseados, estamos más dispuestos a entrar en tal estado.

**Los niños aprenden mejor cuando sienten interés; por eso el juego es el gran maestro.**

Así pues, hay tres claves: la práctica en tareas que entrañan cierta dificultad pero están dentro de nuestras posibilidades; el éxito reiterado; el estímulo, especialmente de padres y docentes.

3. Duración del esfuerzo y persistencia. Igual que sucede con la discriminación, aquí hay dos cuestiones de distinta índole. Cuestiones profundas que tienen que ver con el funcionamiento del cerebro a lo largo de períodos de tiempo que se miden en segundos o minutos, y cuestiones de sentido común como la dedicación y la persistencia a lo largo de horas, días o años, a pesar de obstáculos o dificultades. Con todo, la forma de mejorar las dos es muy similar.

Hablemos de la duración del esfuerzo o, lo que es lo mismo, del tiempo empleado en un estado de intensa concentración mientras nos ocupamos en una tarea concreta de aprendizaje. El objetivo es simple: cuanto más tiempo, mejor. Experimentos realizados repetidamente demuestran que incrementos de tiempo muy pequeños —quizá de unos segundos, dependiendo de la tarea— empleados en concentrarse intensamente en una tarea, puede establecer la diferencia entre aprender o no. La agitación del niño con DAD, que puede tenerle cambiando de un juguete a otro o de una tarea a otra a una velocidad varias veces superior a la del niño medio, puede ser devastadora no solamente para que aprenda una tarea determinada, sino también para que aprenda a aprender. Pero las investigaciones demuestran que este hábito *puede* corregirse.

La perseverancia es tan importante que un experto ha proclamado: «Concentración *es* tiempo aplicado a una tarea». Nosotros no llegamos tan lejos, pero es una buena parte del asunto.

¿Cómo podemos enseñar a nuestros hijos a perseverar? Como ocurre con la intensidad del esfuerzo, la práctica y el éxito reiterado son claves. Pero en este caso, además, nuestro ejemplo y el modo en que interactuamos con nuestros hijos tienen un gran impacto. En resumen: podrían desarrollar períodos más largos de atención si les damos un buen ejemplo y si, a veces, emprendemos con ellos una tarea que exija concentración. Los episodios de atención «compartida» —cuando padres e hijos se concentran en la misma actividad, o unos en otros— son valiosísimos.

Los experimentos demuestran que los niños cuyos padres «molestan» —es decir, que interrumpen las actividades de sus hijos o se unen a ellas sin haber sido invitados— tienen tendencia a que sus períodos de atención sean más breves. El problema es que los padres que interrumpen van «modelando» este hábito y frustran los intentos del niño por concentrarse.

Insistimos: práctica, buen ejemplo y estímulo. En tareas largas —pongamos por caso el montaje del modelo a escala de un coche de carreras o la decoración de una casa de muñecas— la buena concentración no significa necesariamente empezar la tarea y luego terminarla sin interrupción. Pocas tareas importantes en la vida pueden realizarse así. La habilidad de trabajar un rato, dejar la tarea para hacer otra cosa y luego retomarla una y otra vez hasta acabarla, indica una capacidad de concentración aún más impresionante.

Así, al enseñar a los niños a concentrarse, puede ser importante centrarse en el logro *final* más que en el estilo conductual mediante el cual llegaron a él. Especialmente en edades muy tempranas, algunos niños no pueden sentarse quietos tanto tiempo como otros. Pero esto no quiere decir que no se concentren; tampoco significa, bajo ningún concepto, que sean niños con

## Conseguir concentración:
## Cómo memorizan los actores los guiones largos

La memoria trabaja estableciendo vínculos entre informaciones. Con los tres principios más importantes de la memorización —asociación, imaginación y ubicación— los actores memorizan su papel inventando hechos y encajándolos en estructuras y marcos mentales imaginativamente creados. Utilizando estas mismas técnicas, puedes enseñar a tu hijo trucos memorísticos que aprovechará y recordará toda su vida.

El ritmo y el movimiento también son útiles para memorizar; por eso es más fácil recordar canciones que discursos. Para sacar partido de este principio, algunos actores no empiezan a aprender sus frases hasta que no saben cuáles son sus movimientos en el escenario. Cuando el actor sabe dónde están sus «ubicaciones finales», las utiliza como un marco del que «cuelgan» partes de su presentación.

Los actores también utilizan una modificación de la regla mnemotécnica concebida por Simónides (véase p. 38). Primero, el actor descompone su guión en palabras clave y luego inventa imágenes (una vez más, la imaginación) que le recuerden cada una de estas palabras clave. Después, hace un recorrido —largo o corto, dependiendo de la cantidad de material que tenga que recordar— por un lugar conocido, dejando cada imagen relacionada con una palabra clave en algún sitio del trayecto. Para recordar, vuelve a recorrer el lugar.

Prueba estas tareas de memorización y concentración con tu hijo. Identificando las frases clave, igual que los actores, podrá memorizar todo lo que se proponga.

DAD; y tampoco significa que no serán capaces de aprender a centrarse largo tiempo en una tarea. Para ayudarles a que sean capaces, sin embargo, antes conviene atenerse a la idea de que se dediquen a un objetivo y perserveren hasta alcanzarlo, que imponerles artificialmente la regla «no hagas nada más hasta que termines».

La concentración de larga duración también se relaciona con otros atributos señalados: planear, porfiar y realizar. El psicólogo David McClelland, durante su vida profesional, se dedicó a investigar la «motivación para el logro», una destreza que se aprende y desarrolla. Cuando tu hijo se fija una meta que quiere conseguir, eso es motivación para el logro. Cuando planea qué tiene que hacer para conseguir su objetivo, realiza el trabajo necesario para cumplirlo o supera los obstáculos, eso es una forma de concentración. Algunos psicólogos prefieren calificar a este proceso complejo e integrado de «esfuerzo». Lo llamemos como lo llamemos, la concentración es parte integral del proceso de consecución.

Estas tres características —discriminación, intensidad y duración del esfuerzo— son la base de la concentración en los adultos. Pero lo bueno de las tres es que todas constituyen comportamientos que podemos estimular, fomentar y recompensar en los niños.

De hecho, como veremos, enseñar habilidades de concentración a tu hijo implica tres cosas muy sencillas:

1. Darle muchas oportunidades de practicar y asentar estos tres rasgos y convertirlos en hábitos. Aquí es donde entran los juegos y actividades de este libro.

2. Alentar al máximo estos tres componentes para que tu hijo sepa que los apruebas y asocie así estos comportamientos con momentos excitantes y gratificantes. Esto implica crear en casa un ambiente en el que se practiquen y valoren estos tres comportamientos, tanto por parte de los adultos como por parte de los niños. También significa ayudar al niño a descubrir actividades que le creen una cierta dificultad, pero sin abrumarle. Si la tarea elegida es abrumadora no solamente no aprenderá nada, sino que podría

aprender «lecciones» nocivas, como por ejemplo que pensar cuesta demasiado, que no lo sabe hacer bien y que no merece la pena ni intentarlo.

La frustración es un gran enemigo de la concentración. ¿Tú te concentras bien cuando estás emocionalmente trastornado o tienes un nudo en el estómago? Sabemos de una madre a la que convencieron de que su hijo tenía DAD porque el niño era propenso a «coger un berrinche» a los pocos segundos de ponerse a hacer una tarea que inmediatamente abandonaba frustrado por lo que percibía como un fracaso instantáneo. Tiene todo el aspecto de ser DAD, ¿verdad? La incapacidad de perseverar en una tarea o de intentar hacerla siquiera; el estallido emocional; los golpes contra las paredes. Pero no era DAD. Era un niño sagaz, pero le habían encomendado una tarea que no tenía capacidad de hacer. De hecho, siempre le sucedía lo mismo, por la sencilla razón de que el mismo niño y los adultos que le rodeaban basaban en su capacidad mental sus conjeturas sobre lo que debía ser capaz de hacer. Mientras tanto sus destrezas motoras se desarrollaban más lentamente. La vida del niño era un constante ejercicio de frustración porque su cerebro le llevaba a asumir más de lo que su cuerpo podía realizar. El niño estaba enloquecido. Después creció su cuerpo, y todo esto quedó atrás.

3.  Por último, y muy importante: la concentración se fomenta por interés. Existen montones de datos científicos que prueban este punto aparentemente obvio: los niños aprenden mejor cuando sienten interés. Al margen de lo que se piense en general de sus métodos, la gran visión de María Montessori sigue siendo válida: en última instancia el niño es su mejor profesor porque cuando se interesa apasionadamente es cuando no sólo aprende de su pasión, sino que aprende a aprender.

¿Cómo ayudar a un niño a encontrar un interés? Animarle a explorar una amplia gama de centros de interés a los que poder trasladar su atención cuando se aburra es una forma natural de fomentar la concentración. Hasta los niños más pequeños pueden beneficiarse de esto. Frente a una pila de libros de vivos colores, ¿quién sabe cuál elegirá un pequeño de cuatro años? Pero cuando encuentra el que quiere que le leas diez veces seguidas, sabes que se le ha despertado algo. Conocemos un niño de esta edad que entró en «fase dinosaurio» y empezó a pedir todos los libros publicados sobre el tema. Antes de haber terminado con todos ellos, ya los leía solo aunque nadie le había enseñado, e incluso ayudaba a los adultos a pronunciar los nombres más difíciles de los dinosaurios.

Interés y motivación: por eso creemos tanto en la utilización del juego como instrumento educativo. A los niños les encanta jugar y a ti te encantará observarlos mientras aprenden de esta manera. Así pues, empecemos.

# Segunda parte

# Actividades y juegos

Los cuatro capítulos siguientes contienen juegos y actividades que ayudarán a los niños a pulir su capacidad de concentración de manera sencilla y *divertida*.

Como verás, las actividades de cada capítulo están divididas en cuatro grupos de edad: de 3 a 4 años, de 4 a 5 años, de 5 a 7 años y de 7-8 años en adelante. Sin embargo, la mayoría de las actividades son apropiadas para una amplia variedad de edades.

Algunas cosas que recordar:

- Las actividades marcadas con un «+» también son adecuadas para grupos de mayor edad.
- Muchos juegos se pueden jugar en cualquier sitio y en cualquier momento. Evita fijar un «tiempo de juego». El juego es un gran maestro porque interesa a los niños y no parece «trabajo».
- Empieza despacio. Querer hacer mucho muy rápidamente puede provocar frustración, gran enemiga de la concentración.
- Da a tu hijo muchos ánimos y aliento.

## Capítulo 4

# Dibujo, manualidades y experiencias táctiles

Empezamos la sección de actividades de este libro con un capítulo dedicado a cosas que los niños pueden hacer con las manos. Como ya hemos visto, concentrarse no es meramente centrar la mente en hechos y números. También hemos visto que los expertos en desarrollo infantil reconocen la importancia de los aspectos sensoriales, tanto en el proceso de adquisición de conocimientos como en el contexto de las legítimas diferencias en el estilo de aprendizaje de cada niño.

## DIBUJO, MANUALIDADES Y EXPERIENCIAS TÁCTILES PARA NIÑOS DE 3 A 4 AÑOS

# Bandeja decorada +

*(Necesitas: una bandeja de poliuretano expandido, cartulina cortada en tiras [de unos 2 cm de ancho], tijeras)*

Aquí tenemos una actividad que no solamente ayuda a los niños de corta edad a centrar su atención en una tarea divertida y productiva, sino que también, por fin, hace aprovechables esas bandejas por lo demás inútiles que a veces sirven de soporte para el envasado de las carnes, las frutas y las verduras en los supermercados.

Para empezar, lava la bandeja a fondo y si quieres, di a tu hijo que la seque. A continuación, ponla sobre una tabla de cortar y practica unas hendiduras paralelas en sentido horizontal, dejando entre ellas una distancia de unos 2 cm. Ahora, el trabajo de tu hijo consiste en pasar las tiras de papel por las hendiduras de la bandeja como si estuviera «tejiendo». Es una actividad que enseña el valor de cierta clase de tareas repetitivas, al mismo tiempo que da un resultado tangible con relativa rapidez.

Recuerda:
Las actividades marcadas con un «+» también son buenas
para niños más mayores.

# Hacer un megáfono +

*(Necesitas: una botella de plástico vacía, tijeras, cinta adhesiva)*

Empieza como un proyecto manual —que tendrás que hacer para tu hijo— y acaba siendo una forma simpática de jugar algunos sencillos juegos de audición.

Primero, corta el fondo de una botella de plástico de dos litros a unos 5 cm de la base. Forra el borde con cinta adhesiva para que no haya salientes cortantes. Esto es el megáfono. Muestra a tu hijo cómo parece amplificarse tu voz cuando hablas por el cuello de la botella. Déjale probar también a él.

Un posible juego es que tu hijo siga tus instrucciones («pon las manos sobre la cabeza», etc.) solamente si se las das a través del megáfono. Después puedes cambiar y que solamente siga las instrucciones que *no* le das a través del megáfono. La cosa puede complicarse un poquito si tu hijo mantiene los ojos cerrados cuando hablas.

Otra cosa que se puede hacer es que tu hijo espere en su cuarto y tu sales de la habitación de manera que pueda oírte pero no verte. Cuentas despacio hasta diez pero solamente dices uno de los números por el megáfono. Di a tu hijo que eso es lo que vas hacer y que cuando termines quieres que te traiga de su cuarto algo que se relacione con el número que has dicho por el megáfono. Si has dicho el número cuatro, puede traerte cuatro libros, o cuatro camisetas o cuatro cosas diferentes o incluso una foto del número cuatro que esté en un libro.

## Apretón de manos secreto +

Es divertido, informativo y útil desde el punto de vista del desarrollo aplicar destrezas de concentración a algo más que a escribir, dibujar, hablar y escuchar. Ésta es una pequeña actividad que permite a tu hijo concentrarse en los movimientos corporales.

El objetivo es inventar una manera secreta de dar un apretón de manos o una serie de apretones de manos. Con los niños, no hacen falta razones cuando se trata de apretones de manos secretos. (Aunque tampoco está mal darle un uso específico e inventar el apretón de manos «he terminado de hacer los deberes» o el de «hoy no he visto la televisión».) Sé creativo en este proceso de invención; hay muchas opciones con los movimientos. Podrías empezar con el apretón de manos normal y pasar rápidamente a movimientos con la mano izquierda, palmadas, choques de codos, jugueteos de dedos, etc.

Propónte elaborar un apretón de manos complejo, pero hazlo paso a paso. Tu hijo y tú podéis turnaros, y aprovecha la oportunidad de «probar» la capacidad de concentración de tu hijo tras cada invención que agreguéis. Ponle a prueba para saber si es capaz de recordar un apretón de manos cada vez más complicado.

# Ver con los dedos +

*(Necesitas: una caja de cartón, pegamento, tijeras, un trozo de fieltro del tamaño de la tapa de la caja, pequeños objetos que tengas en casa)*

Esta actividad es típica por una razón. Sobre todo a los niños pequeños les entusiasma introducir las manos en una caja misteriosa y probar a «ver» sin los ojos. Como padres, quizá os gustaría saber que este tipo de concentración sensorial es especialmente valiosa para el desarrollo de las destrezas de concentración en su conjunto.

Primero, recorta un círculo en la tapa de la caja de cartón que sea lo bastante grande para que a los niños les quepa la mano. Dibuja el contorno de ese mismo círculo sobre el trozo de fieltro y traza una X que divida el círculo en cuatro partes. Corta con una cuchilla las líneas que forman la X pero *no* el círculo. Pega el trozo de fieltro sobre la tapa de la caja, de manera que coincidan los círculos.

Pon pequeños objetos dentro de la caja. Haz que tu hijo meta la mano y palpe cuidadosamente un objeto para ver si es capaz de identificar lo que tiene en la mano. Cuando diga lo que cree que es, ya puede sacar el objeto de la caja y comprobar si ha acertado.

Puedes probar otra modalidad de esta actividad que consiste en poner dentro de la caja objetos de distinta textura y/o forma y luego pedirle a tu hijo que busque algo liso, algo circular, etc.

## Dibujos en sal +

*(Necesitas: sal, bandeja de horno)*

Se trata de una actividad sencilla pero seductora que favorece la habilidad motora a una edad temprana (véase recuadro en negrita de la p. 29 para saber por qué esto puede ser tan importante).

Vierte una capa de sal en la bandeja del horno y haz que tu hijo la utilice como tablero para dibujar con los dedos. Puedes animarle a que haga letras y dibujos. Si está empezando a aprender las letras, dibuja tú primero las formas en la sal y que luego él las dibuje junto a las tuyas.

## Escritura con cereales +

¿Quién dice que los cereales solamente sirven para desayunar? Si está disponible en la zona en que resides, te recomendamos que compres un producto que ofrece una ventaja inesperada por lo que respecta a la concentración. Se trata de unos cereales para desayuno con forma de letra que, por su mayor tamaño, resultan más convenientes que la consabida pasta para sopa, ya que no implican el riesgo de que el niño se atragante si se los lleva a la boca.

En un bol, vierte media taza de estos cereales y ponlo delante de tu hijo. Asegúrate de que el niño tenga las manos limpias. Coloca una servilleta o papel de cocina junto al bol y haz que tu hijo se ponga a trabajar:

- que seleccione las letras según el tipo;
- que busque las letras de la A a la Z, por orden;
- que junte letras para formar palabras sencillas.

O invéntate algo. Al final, devuelve las letras al bol y si el momento es adecuado para tomar un postre o un tentempié dulce, vierte un poco de leche en el bol y que tu hijo dé buena cuenta de ellas a la manera «normal».

**DIBUJO, MANUALIDADES Y EXPERIENCIAS TÁCTILES
PARA NIÑOS DE 4 A 5 AÑOS**

## Palabras-chorro +

Esta actividad requiere un día de sol, algún tipo de dispositivo que arroje chorros de agua y un muro exterior diáfano. Haz que tu hijo coja el dispositivo que sea y procure escribir letras sobre el muro o incluso formas tan simples como cuadrados y triángulos. Controlar bien el agua le llevará cierto tiempo y práctica.

## Estimadivinanzas +

En estas actividades relacionadas, se pone a prueba la concentración espacial. En primer lugar es una buena actividad para la hora del baño que requiere una jarra medidora normal (de plástico) y varios recipientes de distintos tamaños. Haz que tu hijo escoja uno de estos recipientes y lo examine un momento. ¿Cuánta agua cree él que necesitará para llenar el recipiente hasta arriba? Muéstrale la jarra medidora y dile que te gustaría que la llenara con la cantidad de agua que él crea necesaria para llenar el recipiente que ha elegido. En el caso de niños más mayores, puedes mencionar las marcas de medida que aparecen en la jarra. En el caso de los pequeños, bastará con que les enseñes las marcas de la jarra.

Haz que tu hijo llene la jarra medidora con su «estimadivinanza» y que vierta en el otro recipiente el agua que ha medido. Si su primera estimación no ha sido muy acertada, puedes decirle que adivine cuánta agua tiene que añadir de más para llenar su recipiente.

Con un niño de más edad, se puede hacer el juego al revés: que llene primero el recipiente elegido y que luego adivine qué cantidad de agua hay en él. Podrá saber si está en lo cierto vertiendo el agua del recipiente en la jarra medidora.

Es un juego que también se puede jugar en tierra firme, en un medio totalmente distinto. Solamente se necesita una cesta o un tarro lleno de monedas. Haz que tu hijo coja dos puñados de monedas y que adivine cuántas ha cogido antes de ponerlas sobre la mesa. Anota la cantidad que dice y que luego cuente las monedas.

## MÁS ACTIVIDADES DE DIBUJO, MANUALIDADES
## Y EXPERIENCIAS TÁCTILES PARA NIÑOS
## DE 4 A 5 AÑOS

*(Véase Dibujo, manualidades y experiencias táctiles para niños de 3 a 4 años)*

✵ Bandeja decorada

✵ Hacer un megáfono

✵ Apretón de manos secreto

✵ Ver con los dedos

✵ Dibujos en sal

✵ Escritura con cereales

## Cenefas en papel cuadriculado +

*(Necesitas: papel cuadriculado, ceras o lápices de colores)*

Dibujar cenefas ofrece a tu hijo una magnífica oportunidad para mezclar la creatividad con la capacidad de atención centrada en el detalle. Haz que tu hijo esboce algunas ideas de motivos que, repetidos, puedan formar bonitas cenefas en una hoja entera. Veamos un par de ejemplos:

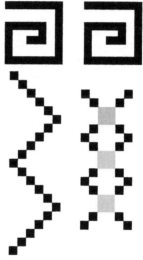

Cerciórate de que tu hijo trabaje tanto la forma como el color. Cuando dé con un motivo que le guste, entrégale una hoja cuadriculada nueva y que dibuje la cenefa alrededor de toda la página. Como siempre, aunque en mente tenemos objetivos muy definidos, procura que esta actividad no parezca una tarea. Tú eres quien mejor sabe despertar el interés de tu hijo. Por ejemplo, si al niño le gusta hacer lo que tú haces, podrías probar tú a dibujar unos cuantos motivos mientras los dos estáis en la misma habitación, pedirle «ayuda» a él y observar cómo toma el relevo.

## Tangram +

*(Necesitas: cartulina o cartón fino, lápiz, tijeras, papel en blanco)*

Este rompecabezas chino clásico es divertido de hacer y de reconstruir. Como la mayoría de los rompecabezas, proporciona práctica a la hora de reconocer las relaciones espaciales y de resolver problemas. Pero puesto que lo primero que hace el niño es ayudar a confeccionar el rompecabezas, también adquiere memoria espacial *y* el hábito de centrarse de antemano en una información que más adelante le será útil, el mismo hábito que hace de algunas personas lectores eficaces de recetas, de análisis económicos o ¡de novelas policíacas!

El tangram básico es un cuadrado dividido con precisión en cinco triángulos, un cuadrado más pequeño y un romboide, como puede verse en la ilustración:

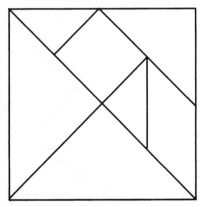

Puedes ayudar a tu hijo a hacer esta figura con un lápiz sobre una cartulina o cartón fino de color y después supervisar el recorte de las piezas. Pese a que ha ayudado a hacer el rompecabezas, una vez que las piezas están sueltas, el niño tendrá que concentrarse bastante para deducir el modo de reconstruir el cuadrado. Cuando lo haya hecho, puedes darle unas cuantas hojas de papel en blanco para que invente y dibuje otras formas de su propia cosecha, que más tarde podrá resolver.

## Mezclas de color

*(Necesitas: papel en blanco de buena calidad, pasteles al óleo)*

Para niños que están acostumbrados a dibujar con rotuladores o ceras, los pasteles al óleo les ofrecen una magnífica experiencia artística nueva: la mezcla de colores. Hay un pequeño ejercicio que les encanta y requiere de ellos atención continuada: pide a tu hijo que convierta un color en otro haciendo una mezcla.

Di a tu hijo que trace una franja de color, de unos 2 cm cuadrados, en el lado izquierdo del papel. En el lado derecho, a la misma altura que el primer color, que haga otra franja de tamaño similar en otro color, preferiblemente de un color aparentemente opuesto. Ahora pídele que «cambie» el color de la izquierda en el color de la derecha haciendo mezclas.

> **Es un pequeño ejercicio que les encanta y requiere de ellos atención continuada.**

Quizá tengas que hacerle practicar primero un poco en otra hoja de papel para que entienda la idea elemental de la mezcla. La técnica no es difícil: si le sale un color demasiado oscuro, puede añadir más cantidad del color claro; si le sale un color demasiado claro, puede añadir más cantidad del color oscuro y así repetidamente.

## Haz tus laberintos +

*(Necesitas: papel en blanco, lápiz)*

En cuanto adquieren destreza con el lápiz y el papel, a muchos niños les fascinan los laberintos, que son unos grandes potenciadores de la concentración. En la sección infantil de muchas librerías ya hay libros de laberintos. Verás los mejores resultados si los laberintos que proporciones a tu hijo tienen el grado de dificultad justo para estimular su interés, pero que no sean tan difíciles que se desaliente y abandone. Si el niño se aficiona a los laberintos, puedes convertir su interés en una experiencia aún más rica y beneficiosa incitándole a que haga sus propios laberintos.

Enseñar a tu hijo a confeccionar laberintos supone un nuevo estímulo y es un ejercicio de concentración particularmente polifacético y grato.

La manera más fácil de hacer un laberinto sencillo es empezar dibujando un cuadrado con una abertura, en el centro de una hoja de papel, así:

**empieza con**

Puedes pedir a tu hijo que haga un dibujito en el centro para que sea la «meta» del laberinto. A continuación, haz que dibuje una serie de tres o cuatro cuadrados alrededor del cuadrado original, con sus aberturas correspondientes; procura que el niño dibuje la abertura de los cuadrados en distintos sitios del perímetro para que no coincidan:

## añade cuadrados alrededor, con sus aberturas

El laberinto comienza a seguirse desde la abertura del cuadrado más exterior. Podrías decir al niño que dibujara allí una flecha para señalar la entrada. Después, haz que tu hijo dibuje una línea perpendicular para obstruir el paso por los «callejones» que hay entre los cuadrados, así:

## y así sucesivamente

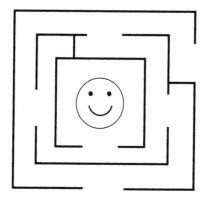

¡*Voilà!* Tu hijo ha hecho un laberinto sencillo. Aumentando el número de cuadrados, así como el número de aberturas y líneas de obstrucción, el niño hará un laberinto cada vez más complejo. Debe prestar atención mientras lo hace para asegurarse de que tiene el paso libre desde la entrada hasta la «meta».

También puede aplicarse este método para hacer un laberinto circular. Cuando tu hijo domine los laberintos sencillos, es posible que decida hacer laberintos de forma libre. En el caso de los más pequeños, el simple hecho de dibujar el laberinto con claridad y propósito ya requiere bastante concentración. A los niños de mayor edad puedes presionarlos más para que el laberinto siga siendo practicable a medida que aumente su complejidad. Como incentivo extra, ofrécete a fotocopiar el laberinto resultante, que luego puede repartirse entre diversos miembros de la familia para que jueguen.

## MÁS DIBUJO, MANUALIDADES Y EXPERIENCIAS TÁCTILES PARA NIÑOS DE 5 A 7 AÑOS

*(Véase Dibujo, manualidades y experiencias táctiles para niños de 3 a 4 años)*

✵ Apretón de manos secreto

*(Véase Dibujo, manualidades y experiencias táctiles para niños de 4 a 5 años)*

✵ Palabras-chorro

✵ Estimadivinanzas

## DIBUJO, MANUALIDADES Y EXPERIENCIAS TÁCTILES PARA NIÑOS DE 7 AÑOS EN ADELANTE

# Cálculo con los dedos

Del Extremo Oriente procede esta excelente forma de convertir los dedos de tu hijo en una calculadora que puede sumar números que sean iguales a 99 o menos. Al principio hace falta un poco de concentración cuidadosa y dirigida, pero cuanto más practique tu hijo, con más rapidez podrá manejar su «calculadora». Como juego, es estupendo para ilustrar la forma en que la concentración lleva a la adquisición de destrezas y habilidades nuevas. Cuando tu hijo ya domine el «cálculo digital» y veas que se desalienta ante una nueva tarea, recúerdale que al principio también le desconcertaba este método de cálculo y que al final le resultó facilísimo.

La mejor manera de enseñar a tu hijo a calcular con los dedos es aprender tú primero. Sobre una mesa, coloca las manos con las palmas hacia abajo y los dedos extendidos. Cada uno de los cuatro dedos de la mano izquierda vale 10 y cada uno de los cuatro dedos de la mano derecha vale 1. El pulgar izquierdo vale 50 y el pulgar derecho vale 5. Un número se registra doblando los dedos adecuados bajo la palma de la mano. Con todos los dedos extendidos de las dos manos, la «calculadora» suma 0; si todos los dedos de las dos manos están doblados bajo las palmas, el número que suman es 99.

Esto puede quedar más claro si hacemos un problema a modo de ejemplo. Comenzaremos con uno sencillo: 13 + 21. Para empezar, dobla el dedo índice de la mano izquierda (esto es igual a 10), además de doblar el índice, el medio y el anular de la mano derecha (esto es igual a 3). Ahora las manos suman 13. Para sumar 21, primero transfórmalo mentalmente en grupos de dieces y unos (en este caso, dos dieces y un 1). Ahora, «suma» estos números al 13 doblando dos dedos más de la mano izquierda (el medio y el anular) y un dedo más de la mano derecha (el meñique).

Si has hecho bien la operación, ahora te quedan tres dedos doblados en la mano izquierda (que suman 30) y cuatro dedos doblados en la mano derecha (que suman 4), lo que te da la solución: 34.

Ya estamos preparados para abordar un problema algo más complicado, que requiere hacer algunas permutas entre las dos manos. Probemos con 37 + 56. Empecemos por el 37. Sumar 30 es fácil: dobla tres dedos de la mano izquierda. Para sumar 7 con la mano derecha utiliza el pulgar —que vale 5— y dos dedos. ¿Cómo sumaremos 56 a esta cantidad? Es más fácil de lo que parece. Descompón el número en 50 + 5 + 1. Suma el 50 de golpe doblando el pulgar izquierdo. Ahora viene la parte difícil, que es sumar 5: lo primero que haces es restar 5 desdoblando el pulgar derecho; luego sumas 10 en la mano izquierda doblando otro dedo. Restando 5 y sumando 10 has sumado 5. Dobla un dedo más para sumar el último 1 y te quedas con toda la mano izquierda doblada (90) más tres dedos doblados en la mano derecha (3), que arroja la solución correcta: 93.

## Código supersecreto

A los niños mayores les suele gustar el reto de trabajar con códigos secretos. Ahí va un mecanismo de codificación especialmente intrigante con el que es muy fácil trabajar pero que es imposible deducir sin la clave.

Para empezar, haz un cuadrado que tenga cinco casillas por lado y rellena éstas con las letras del alfabeto tal como se ve en la ilustración. (Pon las letras J e I dentro de la misma casilla.)

| A | B | C | D | E |
|---|---|---|---|---|
| F | G | H | I/J | K |
| L | M | N | O | P |
| Q | R | S | T | U |
| V | W | X | Y | Z |

Lo creas o no, ésta es la clave del código. Para hacerlo funcionar, primero tienes que transformar el mensaje que quieres codificar en grupos de dos letras. Pongamos que tu mensaje es BOMBONES PARA LA MADRINA. Esta frase, descompuesta en grupos de dos letras se convierte primero en: BO MB ON ES PA RA LA MA DR IN AZ. (Si el mensaje tiene un número impar de letras se añade una Z al final. Los grupos siempre deben ser de dos letras.)

Y ahora viene el truco. Toma cada par de letras y localízalo en la parrilla. Utiliza estas dos letras como si fueran los ángulos opuestos de un cuadrado o un rectángulo; y luego, con un lápiz o mentalmente, completas la forma. Por ejemplo, para el par de letras BO, imaginarás un cuadrado que tenga la B en el ángulo superior izquierdo y la O en el ángulo inferior derecho. Completando este cuadrado, encontrarás la M en el ángulo inferior izquierdo y la D en el superior derecho. Ahora se trata de cambiar las dos letras originales por las que aparecen encima o debajo de ellas en el cuadrado. En este caso, la B se cambiará por una M y la O por una D, con lo que la pareja de letras codificadas será MD.

Párate a pensar un momento y verás que no es tan complicado como parece. Cuando comprendas cómo va, tendrás que manejar algunas excepciones. Primero, echemos una ojeada al siguiente par de letras MB. Te darás cuenta de que ambas letras están en la misma columna, de manera que no podrás buscar las letras correspondientes en un cuadrado o un rectángulo. En este caso, te quedas en la misma columna y te desplazas hacia abajo para cambiarlas por otras letras: es decir, cambias la M por la R y la B por la G. Aquí, el par de letras codificadas es RG.

Cuando dos letras aparezcan en la misma hilera, desplázate a la derecha para buscar sus sustitutas. Por ejemplo: el siguiente par de letras ON se convertirá en PO. Si una de las letras es la última de su hilera o columna, vuelve al principio o arriba para encontrar la letra codificada. Así, pongamos por caso, PZ sería UE. La última excepción se produce cuando las dos letras del par son iguales. En tal caso, solamente se desliza una hacia abajo: HH, por ejemplo, sería NN.

Todo el mensaje cifrado que hemos puesto como ejemplo se leería así: MD RG PO UC EL BQ QF BL TB OH VE. Para que sea un mensaje totalmente impenetrable, agrupa las letras en «palabras» de distinta extensión, por ejemplo: MDR GPOUC ELBQQ FBL TBO HVE.

Para descifrarlo se aplican las mismas reglas, agrupando las letras por pares y luego formando cuadrados o rectángulos cuando sea posible. Cuando las letras están en la misma hilera o columna, sin embargo, debes desplazarte en dirección opuesta a la utilizada para cifrarlo, moviéndote hacia la izquierda cuando las letras están en la misma línea, hacia arriba cuando ambas letras están en la misma columna y también hacia arriba si las dos letras son iguales.

## MÁS DIBUJO, MANUALIDADES Y EXPERIENCIAS TÁCTILES PARA NIÑOS DE 7 AÑOS EN ADELANTE

*(Véase Dibujo, manualidades y experiencias táctiles para niños de 3 a 4 años)*

❉ Apretón de manos secreto

*(Véase Dibujo, manualidades y experiencias táctiles para niños de 4 a 5 años)*

❉ Estimadivinanzas

*(Véase Dibujo, manualidades y experiencias táctiles para niños de 5 a 7 años)*

❉ Cenefas en papel cuadriculado

❉ Tangram

❉ Haz tus laberintos

# ⚬ Capítulo 5 ⚬

# Juegos de hablar y escuchar

Este capítulo ofrece una selección de actividades dedicadas a hablar y escuchar. Algunas son juegos clásicos de niños, mientras que otras seguramente te resultarán desconocidas. El propósito de todas ellas es dirigir la atención del niño a tareas específicas, que a menudo requieren perseverancia, en un ambiente de diversión.

## JUEGOS DE HABLAR Y ESCUCHAR PARA NIÑOS DE 3 A 4 AÑOS

## Contar números salteados +

Cuando tu hijo sea lo bastante mayor para contar bien por lo menos hasta veinte, éste es un juego que fomenta la atención y que incluso puede ayudarle a desarrollar algunas destrezas matemáticas básicas.

Lo que tienes que hacer es contar hasta veinte pero saltándote números que tu hijo habrá de decir. A lo mejor tendrías que utilizar algún objeto para señalar, quizá tan sólo un lápiz, para ayudarle a saber cuándo le pides un número. Las primeras veces los dos os atascaréis. Seguid trabajando y esforzaos por conseguir un ritmo uniforme.

La mejor manera de conseguir este punto es dejar «silencios» a intervalos regulares. Podrías empezar diciendo: «uno... dos...», señalar a tu hijo con el lápiz para que diga «tres»; continúas tú con el cuatro y el cinco, señalas al niño para que diga «seis», y así sucesivamente. Cuando alcancéis un ritmo ininterrumpido, podrás decirle a tu hijo que de esta forma se pueden «oír» los múltiplos. (Y consulta la actividad *Múltiplos musicales* en el capítulo de *Música, sonido y movimiento*, que te dará una interesante variación de esta idea.)

Pero el verdadero reto de este juego será dejar silencios al azar y comprobar si los dos podéis contar sin interrupción. A medida que el niño mejore, podéis contar más deprisa.

**Recuerda:**
**Las actividades marcadas con un «+» también son buenas para niños más mayores.**

## JUEGOS DE HABLAR Y ESCUCHAR PARA NIÑOS DE 4 A 5 AÑOS

## Completar versos +

¿Con cuánta atención escucha tu hijo algo que antes nunca ha oído? Utiliza este entretenido juego para averiguarlo.

Necesitarás un buen libro de poemas infantiles o un cancionero para niños. Busca un poema o una canción que sepas que tu hijo no ha oído nunca. Di que le leerás un poema nuevo una sola vez. El deberá escuchar cuidadosamente porque quieres enseñarle con cuánta rapidez puede su mente memorizar las cosas.

> **Este juego muestra a tu hijo con cuánta rapidez puede su mente memorizar las cosas.**

Cuando lo leas la primera vez, explícale que volverás a leerlo pero sin decir algunas palabras. Será él quien tenga que decirlas. Por ejemplo, digamos que lees el poema *La gallinita* de Gloria Fuertes. La primera vez lo leerás de un tirón:

La gallinita,
en el gallinero,
dice a su amiga
cuánto te quiero.

Gallinita rubia
llorará luego,
ahora canta:
aquí te espero...

«Aquí te espero,
poniendo un huevo»,
me dio la tos
y puse dos.

Pensé en mi ama,
¡qué pobre es!
Me dio penita...
¡y puse tres!

Como tardaste,
esperé un rato
poniendo huevos,
¡y puse cuatro!

Mi ama me vende
a doña Luz.
¡Yo con arroz!
¡Qué ingratitud!

Después, la segunda vez, podrías leerlo así:

La gallinita,
en el _____,
dice a su amiga
Cuánto te _____.

Gallinita_____
_____luego,
ahora ____:
____ te espero...

«Aquí te espero,
poniendo un huevo»,
me dio la tos
y puse dos.

Pensé en ___ama,
¡qué pobre___!
Me dio _____...
¡y ____tres!

Como_____,
_____un rato
_____huevos,
¡y puse _____!

Mi ____me ____
a doña____.
¡___ con arroz!
¡Qué _____!

Como puedes ver, incitarle para que recuerde las rimas es una buena idea para ayudar a tu hijo a iniciarse en el ejercicio de la memoria. Pero en las últimas partes del poema, aumenta un poco la dificultad omitiendo algunas palabras que también debe recordar sin la ayuda de las rimas.

## ¿Puedes oírme? +

Algunos juegos de hablar implican concentración orientada a la comprensión, como por ejemplo *Ánima*, el último de este capítulo. El juego que sigue, para niños pequeños, desarrolla la concentración orientada a la escucha, que es simple pero importante.

Hace falta una habitación relativamente grande; también puede hacerse en el exterior. Empezad tu hijo y tú poniendoos cara a cara, dejando entre vosotros unos 60 cm de distancia. La sustancia del juego está en que tú dices una frase en voz queda, pero no susurrando, y él tiene que repetirla. Una buena manera de mantener centrada la mente es utilizar frases aliteradas, empezando por la A. Así, podrías empezar con: «¡Alienígenas aburridos!» o algo por el estilo. Cuando tu hijo repita la frase, cada uno de vosotros da un buen paso atrás. Después dices otra frase («¡Borriquitos bonitos!»), otra vez en voz queda pero sin susurrar. Tu hijo debe repetirla en voz alta. Los dos volvéis a dar un paso atrás. Di otra frase y haz que tu hijo la repita.

El propósito del juego es ver cuánta distancia media entre los dos antes de que tu hijo deje de oír una frase. En cuanto ya no pueda oír ni repetir tu frase, tomas una cinta medidora y anotas la distancia que os separa. Cuando volváis a jugar, ved si podéis alejaros más.

## Día al contrario +

Para centrar a los niños en un proyecto de concentración de larga duración, podrías probar a anunciar que hoy es el «Día al contrario». En esta clase de día, todo el mundo utiliza palabras que significan lo contrario de lo que de verdad quieren decir. «¡Hora de irse a la cama!», podrías proclamar cuando los levantes por la mañana (si es que hace falta que los levantes tú, claro). Puedes decirles: «¡Tomároslo con calma!» cuando quieras que se den prisa.

Etcétera.

# De memoria +

En los viejos tiempos (o sea, hace unos treinta años o más), a los colegiales de tierna edad se les enseñaba a memorizar todo tipo de cosas, desde las tablas de multiplicar, pasando por la lista de los reyes godos, a las preposiciones y conjunciones gramaticales. Hace tiempo que este tipo de enseñanza ha caído en desgracia por muchas razones. Pero viene a resultar que, de vez en cuando, conviene recurrir a esta anticuada técnica de memorización, especialmente cuando se trata de mejorar la concentración.

Dicho esto, lo cierto es que podemos prescindir de recitar sartas de palabras y hechos a secas. Los poemas tradicionales, por otro lado, están más o menos hechos para la memorización, gracias a su ritmo y rima. Los niños más pequeños pueden empezar con versos infantiles sencillos. Puedes hacerles ver que ya saben muchos de memoria. Para este ejercicio de memorización, haz que tu hijo escoja un poema infantil que no conozca. Si ya sabe leer, escríbeselo con letra clara y que lo guarde a mano para leerlo cuidadosamente. Si todavía no sabe leer, estudiad a diario el poema línea por línea. En caso de que el poema sea corto, el esfuerzo no es excesivo. Anímale continuamente e incítalo a que aborde poemas cada vez más largos. Cuando sepa cuatro o cinco, podrías sugerir al niño que hiciera un «espectáculo poético» para toda la familia; incluso podrías grabarlo en vídeo para que él pueda verse luego.

Los niños de mayor edad podrían hincar los dientes de la memorización en un poema, como aquellos tan populares en nuestra infancia: «A un panal de rica miel» o «Cuentan de un sabio que un día», o cualquier otro sacado de algún libro.

## MÁS JUEGOS DE HABLAR Y ESCUCHAR PARA NIÑOS DE 4 A 5 AÑOS

*(Véanse Juegos de hablar y escuchar para niños de 3 a 4 años)*

☆ Contar números salteados

## Juegos de hablar y escuchar para niños de 5 a 7 años

### Trabalenguas +

Cuando tu hijo ya hable con claridad —generalmente entre los 6 y los 7 años, si no antes—, los trabalenguas brindan una estupenda oportunidad para poner a prueba, de forma tangible, la capacidad de concentración; no tengas reparos en inventar tus propios trabalenguas. Pero comprende que la dificultad de los trabalenguas estriba en que la pronunciación de las letras fuerce a la boca a realizar movimientos desmañados. A menudo verás frases o máximas a las que se califica de trabalenguas que no son más que aliteraciones extensas y que no cuesta nada decir. La lista que ofrecemos, por otro lado, se compone de verdaderos trabalenguas. Las frases cortas del principio de esta lista son especialmente difíciles cuando se intenta decirlas tres veces con toda la rapidez posible.

- Tres tristes tigres
- Pablito clavó un clavito
- ¡Qué triste estás Tristán!
- Tapa con trapos la tripa del potro
- Dábale arroz a la zorra el abad
- Debajo de un carro había un perro, vino otro perro y le agarró del rabo
- Como poco coco como, poco coco compro
- Sombrero de jipijapa de la jipijapería
- Pepe Peña pela papa, pica piña, pita un pito, pica piña, pela papa Pepe Peña
- El perro de san Roque no tiene rabo porque Ramón Ramírez se lo ha cortado

## Palabras del revés +

Los niños que se precian de su capacidad para deletrear bien, encontrarán una diversión inesperada en deletrear palabras al revés. Pon a tu hijo a trabajar en palabras sencillas para que tenga la oportunidad de coger el tranquillo. Los más pequeños querrán jugar todo el rato con palabras de tres y cuatro letras; aun así, deberías pasar deprisa por las palabras más corrientes como «sol» y «ola» para introducir palabras cortas más interesantes como «hora», «búho» y «queso». Es posible que los niños de mayor edad aún necesiten palabras razonablemente cortas para empezar (al fin y al cabo, ¿sabes *tú* deletrear hipocondríaco al revés, sin lápiz y papel a mano?).

> **Este y muchos otros juegos pueden realizarse de manera informal incluso en el coche.**

Como sucede con muchas de las actividades de este libro, ésta puede realizarse de manera informal —a lo mejor mientras vais en coche o hacéis cola en algún sitio— u organizarse de una forma más «oficial». La propuesta informal puede ser divertida y útil, pero a la mayoría de los niños les encantará que este juego reciba tratamiento de acontecimiento especial. Podrías explicarlo de antemano y fijar su celebración para una hora concreta de ese día, incluso puedes hacer un cartel anunciando el asunto. Mientras se desarrolla el juego, tú puedes anotar las puntuaciones y guardarlas para compararlas con las de la vez siguiente. Es más probable que la versión «oficial» del juego mantenga el interés de la mayoría de los niños —y, en consecuencia, que se concentren mejor— que si la propuesta es más improvisada e informal.

## Hablar deprisa +

Se requiere un tipo de concentración totalmente distinto cuando tu hijo no intenta memorizar algo, sino simplemente decirlo con toda la rapidez posible. Este juego se desbarata muy pronto, pero para los niños tiene algo de incitante, sobre todo cuando hay cronómetro y puntuación de por medio.

Escoge un poema corto y conocido para que tu hijo intente decirlo con tanta rapidez como pueda. En el caso de niños más pequeños da mejor resultado la letra de una canción o poema que conozcan muy bien. Incluso con los niños de más edad es mejor escoger rimas conocidas para este juego, puesto que buscas palabras que ya tengan muy fijas en la memoria; la idea es que ellos no equivoquen palabras que leen por primera vez.

Puedes hacer un cuadro y cronometrar el tiempo que el niño tarda en decir unos cuantos poemas. Recurre a este juego de vez en cuando para comprobar si tu hijo es capaz de batir marcas de tiempo anteriores.

### Yo Tú Sí No +

Fascinante juego de diálogo, «Yo Tú Sí No» dice, en su título, las palabras que uno de los jugadores no debe decir, mientras el otro jugador intenta ponerle trampas para que diga alguna de ellas.

Un jugador hace de tendero; el otro es el cliente que entra en la tienda. El tendero hace preguntas al cliente, que éste debe responder sin decir ninguna de estas cuatro palabras. Por ejemplo, el tendero podría decir: «¡Buenos días, señora! ¿Cómo está usted?». El cliente podría responder: «Muy bien, gracias», pero no: «¿Yo? Muy bien, gracias». El tendero podría preguntar: «Hoy los tomates son especialmente buenos. ¿Quiere llevarse unos cuantos?». A lo que el cliente podría contestar: «Quizá luego», pero no: «No, gracias» o «Sí, póngame 1 kilo». Etcétera. El juego dura tanto como el tendero sea capaz de seguir planteando preguntas y el cliente pueda responderlas.

Para que el cliente no haga trampas, no se le permite dar la misma respuesta dos veces seguidas (para evitar que, por ejemplo, recurra siempre a la respuesta «Quizá»).

Si piensas que es fácil, prueba.

## Más juegos de hablar y escuchar para niños de 5 a 7 años

*(Véanse Juegos de hablar y escuchar para niños de 4 a 5 años)*

- Completar versos
- ¿Puedes oírme?
- Día al contrario
- De memoria

# Ánima

Se trata de un juego viejo pero bueno que adopta distintos nombres. Éste se llama *Ánima* por ninguna razón en especial; en todo caso, la palabra *ánima* se utiliza para seguir la evolución de los jugadores: cada vez que uno pierde una ronda, se anota una letra de esta palabra; cuando se completa Á-N-I-M-A, el jugador está fuera.

Es un juego de ortografía y por tanto es mejor hacerlo con niños mayores, aunque es probable que niños de seis años con facilidad para la ortografía también disfruten con él. Hacen falta por lo menos dos jugadores; con tres o cuatro es aún mejor. El primer jugador dice una letra para empezar la ronda. Entonces, el segundo jugador debe decir otra letra que pueda seguir a la primera para formar una palabra española genuina, pero que no *complete* ninguna palabra. El jugador siguiente hace lo mismo: nombra una letra que pueda seguir a las otras dos pero que no forme una palabra. El juego prosigue hasta que alguien se queda atascado, es decir, hasta que alguien ya no es capaz de añadir ninguna letra más a las ya nombradas, que pueden ser parte de una palabra más larga pero que aún no está completa. Si en algún momento alguien utiliza una letra que forma una combinación de letras sobre la que otro jugador piensa que no sirve para formar una palabra, se le puede retar.

Por ejemplo, pongamos por caso que el primer jugador nombra la letra S. El segundo jugador podría decir la letra A (si dijera la letra I, quedaría fuera por completar la palabra «sí»). El jugador siguiente podría nombrar entonces la letra T, pero no la N o la L. Si hay tres o más jugadores, el jugador que sigue podría decir la letra I con la esperanza de que saliera la palabra «satinado» o «sátira» (si solamente hubiera dos jugadores, él terminaría estas palabras, cosa que no querría).

Hay que tener un diccionario a mano para los retos. Se puede establecer la regla de que cualquiera puede retar a cualquiera en cualquier momento o, para que sea más difícil, se puede establecer la regla de que a cualquiera que rete incorrectamente a otro jugador se le anote una letra de la palabra *ánima*. Con esto se reduce el número de retos planteados sin ton ni son.

A cualquier jugador incapaz de continuar la ronda se le anota una A y se empieza una nueva ronda. El juego finaliza cuando todos los jugadores excepto uno obtienen las letras Á-N-I-M-A.

## MÁS JUEGOS DE HABLAR Y ESCUCHAR PARA NIÑOS DE 7 AÑOS EN ADELANTE

*(Véanse Juegos de hablar y escuchar para niños de 4 a 5 años)*

✵ De memoria

*(Véanse Juegos de hablar y escuchar para niños de 5 a 7 años)*

✵ Trabalenguas

✵ Palabras del revés

✵ Hablar deprisa

✵ Yo Tú Sí No

# ❦ Capítulo 6 ❧

# Música, sonido y movimiento

Sonidos, ritmos y movimientos de todo tipo no solamente son divertidos para los niños, sino que también suelen ir ligados a cómo aprenden y recuerdan. La actividades de este capítulo se sirven de la música, el sonido y diversos tipos de movimiento, tanto previstos como imprevistos.

## MÚSICA, SONIDO Y MOVIMIENTO PARA NIÑOS DE 3 A 4 AÑOS

## ¿Qué sonido oyes? +

Nos guste o no, el nuestro es un mundo lleno de ruidos. Ésta es una actividad sencilla que puedes hacer con tu hijo pequeño caminando calle arriba y calle abajo (es lo idóneo). Pregunta: «¿Qué sonido oyes?» y procura que conteste algo más que «nada» o «no lo sé». De fondo, casi siempre se oyen pájaros o coches, camiones o aviones o insectos o voces de gente. Dirigir la atención de tu hijo hacia sonidos que de otro modo no oiría es una forma sutil pero segura de mejorar la capacidad de concentración.

Recuerda:
Las actividades marcadas con un «+» también son buenas
para niños más mayores.

## ¿Qué es? +

Se trata de otro juego de identificación de sonidos, pero en este caso tú controlas los sonidos y tu hijo tiene que intentar designarlos. Reúne una cierta cantidad de cosas variadas que hagan ruidos discernibles: una campana, un par de tijeras (que tú manejas para que hagan el sonido del corte), un libro de bolsillo (puedes pasar las páginas rápidamente), una hoja seca (desmenúzala), etcétera. Esconderás estas cosas en una caja o en una bolsa fuera de la vista.

Localiza un sitio donde puedas sacar cada una de estas cosas, una por una, y hacer ruido con ellas de modo que el niño pueda oírlas pero no verlas. Házle adivinar qué suena. Si no lo consigue después de oír el sonido unas cuantas veces, aparta el objeto causante del ruido, pero no se lo enseñes todavía; vuelve a hacer ruido con él cuando tu hijo ya haya oído una vez todos los sonidos.

El mejor lugar para desarrollar este juego es tras un teatrito de marionetas si es que tienes alguno. O puedes obstruir la visión de tu hijo con un caballete de pintor o una silla grande. (En caso de apuro, ocúltate a la vista del niño tras una esquina; puede dar resultado con algunos pequeños, pero a otros les gustará menos jugar así.)

## Puntería con pinzas y cubos +

Cuando sientas necesidad de un bien merecido descanso después de mucho hablar o escribir o escuchar o recordar juegos, ahí va uno que favorece la concentración cinestésica.

Hará falta una habitación de buen tamaño, tres cubos de distintos tamaños y tres o más pinzas para ropa que sean de madera (u otro objeto de tamaño y peso similar). El cubo pequeño debe ser razonablemente pequeño pero lo suficientemente grande para que quepa la pinza. Todos los cubos deben tener cierta profundidad.

Coloca los cubos en fila sobre el suelo, a una distancia de 12-15 cm entre sí. Pon el cubo más pequeño a la izquierda, el más grande en medio y el mediano a la derecha. Di a tu hijo que se sitúe a unos 2-2,5 metros del cubo mediano (o más, si hay sitio); si el niño tuviera que correr directo hacia los cubos, éstos tendrían que estar paralelos a su trayectoria y quedar justo a su derecha (o a su izquierda si es zurdo).

Sí, tu hijo *tiene* que correr hacia ellos. Pero primero dale una pinza. Su tarea, puedes explicarle, consiste en pasar corriendo junto a los cubos y procurar tirar la pinza dentro de uno de ellos. Acertar en el cubo pequeño vale veinticinco puntos, en el grande cinco puntos y en el mediano diez puntos. Di que haga tres carreras y suma la puntuación. Déjale hacer tantas series de tres carreras como su energía dé de sí y comprueba cómo mejora su puntuación.

## ¿En qué lado suena? +

A todos nos han hecho pruebas de audición en un momento u otro. Y es divertido, ¿verdad? Ponerse los auriculares, escuchar atentamente, levantar la mano derecha si oyes el sonido por la derecha y la mano izquierda si lo oyes por la izquierda. Ahí va una recreación de esta estupenda prueba de concentración para que puedas hacerla en casa con tu hijo.

> **Ésta es una prueba de concentración de lo más atractiva.**

Todo lo que se necesita es una buena venda para los ojos. Haz que el niño se siente en una silla a la que puedas aproximarte cómodamente desde atrás. Ata la venda y cerciórate de que no le queda ni el más mínimo resquicio para ver. Desde atrás, con los dedos, haz sonidos reposados junto a uno u otro oído. Di a tu hijo que levante la mano correspondiente al lado por el que oye el sonido. Varía el volumen de los sonidos, desde sonoras palmadas a la pausada fricción de las yemas de los dedos.

Si el niño es más pequeño y a fin de que le resulte divertido, puedes susurrar en su oído una palabra que tenga antónimo y hacer que lo diga al tiempo que levanta la mano.

## Inventar un baile +

Los niños de corta edad sienten un regocijo innato por el baile que debería alentarse tanto como fuera posible. Además, muchos expertos creen que aplicar concentración a actividades orientadas al movimiento puede ser otra manera eficaz de ayudar al niño a mantener su capacidad de atención global. De ahí el incentivo de esta actividad.

Empieza por poner la música favorita de tu hijo. Dile que te gustaría que inventara un baile pensado exclusivamente para esa música. Primero, que sólo escuche; anímale a sentir la música en lo más hondo de su cuerpo. Cuando le apetezca moverse, haz que comience despacio, concentrándose en los movimientos. Te gustaría que no solamente inventara un baile sino que además fuera capaz de enseñártelo paso a paso. A lo mejor, esto supone que el niño tenga que dedicar un poco de energía a movimientos más pequeños o conscientes.

Cuando termine la canción que estáis oyendo, vuelve a ponerla. Haz que tu hijo repita el baile; puede que afine más algunos de los movimientos o que simplemente repita la danza de cabo a rabo. Dile que cuando termine la canción por segunda vez, tendría que ser capaz de empezar a enseñarte el baile. Al finalizar la canción, comprueba si tu hijo está preparado para enseñarte algunos movimientos, sin música. Luego vuelve a poner la música y déjale que te instruya paso a paso.

Haz todo lo posible por que no se distraiga, pero no malogres la espontaneidad y el gozo del movimiento. ¡Y no olvides pasar un buen rato tú también!

## Saltimbanqui alfabético +

Un poco de tiza y una superficie asfaltada y vacía son imprescindibles para este juego, que pone a prueba el conocimiento que tu hijo tiene del alfabeto a través del movimiento.

Lo que tienes que hacer es escribir el alfabeto, desordenado, sobre la superficie asfaltada. Házlo con ayuda de tu hijo: que diga en voz alta la primera letra (es decir, la A) y que señale en qué sitio quiere que la escribas. Luego que diga la B y corra hacia el sitio donde debería estar. Guíale para que mantenga las letras dentro de un espacio relativamente definido pero razonablemente bien mezcladas. Si tu hijo tiene gran facilidad para reconocer las letras, puedes escribirlas en distintos sentidos, de tal manera que tendrá que reconocer algunas de lado o invertidas.

Cuando lleguéis a la Z, lleva a tu hijo fuera de la zona escrita y pídele que busque la letra A y corra hacia ella. Dile que nombrarás una letra que tiene que encontrar y también un método para llegar a ella. Así, podrías decir: «Salta a la B»; luego, cuando llegue allí, podrías decir: «Salta a la pata coja hasta la C», etcétera. Puedes aumentar la dificultad saltándote el orden de las letras (lo que obligará a un mayor grado de concentración), e incluso mencionar dos o tres letras a la vez junto con distintas instrucciones para ir de una a otra.

## ¿Más alta o más baja? +

No hace falta ni habilidad musical ni tener instrumentos musicales formales en casa para realizar con tu hijo este ejercicio tan sencillo de conocimiento de los sonidos y de concentración.

Sólo se necesita algún tipo de instrumento que pueda emitir una cierta variedad de notas: un teclado infantil, un xilófono, una flauta dulce o una armónica. Di a tu hijo que tocarás dos notas diferentes. Te gustaría que las escuchara y luego te dijera qué nota es más alta y qué nota es más baja. Con niños de menos edad, quizá convendría que repasaras el concepto global de sonidos altos y bajos. Con niños más mayores, puedes mantener el interés tocando notas que sean muy próximas.

# ¡Al toque! +

La mayoría de los juegos de memoria requieren estímulos visuales. Esta actividad es una alternativa que pone a prueba la habilidad de tu hijo para concentrarse en los sonidos y recordarlos.

El sonido en cuestión es uno de los favoritos de los niños pequeños de todos los tiempos: toques de tambor. Mejor aún, son toques de tambor que se producen golpeando una mesa con las manos o dedos. Para empezar, siéntate con tu hijo a una mesa que pueda resistir un poquito de aporreo bienintencionado. Da un simple golpe y pide a tu hijo que lo repita. Aumenta la complejidad de los toques para ajustarte a la habilidad del niño.

**He aquí una actividad divertida que pone a prueba la habilidad de tu hijo para concentrarse en los sonidos y recordarlos.**

## MÚSICA, SONIDO Y MOVIMIENTO PARA NIÑOS DE 4 A 5 AÑOS

### Recuento +

Esta actividad puede realizarse con ayuda de alguna de las cintas de música preferidas de tu hijo, o puedes cantar tú mismo. La idea es que tu hijo cuente el número de veces que una determinada palabra aparece en la canción. Con niños más pequeños, es más fácil que tú mismo cantes una canción sencilla y que él cuente el número de veces que oye una palabra que previamente hayáis determinado.

## MÁS MÚSICA, SONIDO Y MOVIMIENTO PARA NIÑOS DE 4 A 5 AÑOS

*(Véase Música, sonido y movimiento para niños de 3 a 4 años)*

- ¿Qué sonido oyes?
- ¿Qué es?
- Puntería con pinzas y cubos
- ¿En qué lado suena?
- Inventar un baile
- Saltimbanqui alfabético
- ¿Más alta o más baja?
- ¡Al toque!

## MÚSICA, SONIDO Y MOVIMIENTO PARA NIÑOS DE 5 A 7 AÑOS

# Dí el título de la canción +

Es el juego idóneo para agudizar la capacidad de concentración. Dará mejor resultado si te preparas un poco de antemano. Toma un radiocasete y unas cuantas cintas grabadas con canciones que sean conocidas para tu hijo (diez o doce estaría bien, si tienes paciencia) y rebobínalas todas hasta el comienzo de una canción. Entonces llama a tu hijo y explícale el asunto: que le pondrás el principio de una canción que conoce,

> **Es un juego idóneo para agudizar la capacidad de concentración.**

solamente un trocito. Él deberá escuchar con mucha atención y decirte, si puede, de qué canción se trata.

Tendrás que ajustar la duración de los inicios de las canciones a la edad y capacidad de tu hijo. Al principio, es posible que necesite cinco segundos o más. Más adelante, podrías descubrir que es capaz de decir el título de una canción tras haberla oído solamente un segundo... ¡o menos! Si tienes una pletina doble, seguramente comprobarás que es más fácil grabar una cinta con varios trocitos de canciones, que amontonar diez cintas diferentes y sacarlas y meterlas en el radiocasete.

Si tu hijo tiene edad suficiente e interés en la música pop, es un juego que puede jugarse también en el coche, con la radio. Sintoniza su emisora favorita, pero baja el volumen. Después, sube el volumen para que oiga solamente unas cuantas notas. Se trata de ver si puede darte el título de la canción que suena en la radio.

## MÁS MÚSICA, SONIDO Y MOVIMIENTO PARA NIÑOS DE 5 A 7 AÑOS

*(Véase Música, sonido y movimiento para niños de 3 a 4 años)*

✵ Puntería con pinzas y cubos

✵ ¿En qué lado suena?

✵ Inventar un baile

✵ ¿Más alta o más baja?

✵ ¡Al toque!

*(Véase Música, sonido y movimiento para niños de 4 a 5 años)*

✵ Recuento

## MÚSICA, SONIDO Y MOVIMIENTO PARA NIÑOS DE 7 AÑOS EN ADELANTE

# Múltiplos musicales

Este ejercicio utiliza el ritmo para reforzar la concentración y la multiplicación al mismo tiempo. Que participen dos, tres o incluso cuatro niños es lo ideal, pero también puede hacerse con un solo niño.

Hace falta un sencillo instrumento de percusión o viento para cada niño, además de algo que pueda servir de tambor para ti. A cada niño se le asigna un número entre el dos y el seis. (Si solamente juega un niño, que escoja entre el dos, el tres o el cuatro.) Tu número es el uno.

Empieza contando despacio desde uno hasta sesenta (es posible que también puedas hacer esto con niños de 6-7 años, pero en tal caso solamente contarás hasta treinta). Los niños soplan o golpean su instrumento cuando la cuenta llega a un número que es múltiplo del número que tienen asignado. Para empezar, esto significa que tú golpeas el tambor con cada número que dices, puesto que todos los números son múltiplos de uno.

Si sólo juegas con tu hijo, el niño solamente oirá sus múltiplos, lo cual es un ejercicio bastante interesante, sobre todo para niños más pequeños. (Si pruebas a jugar con uno de 6-7 años, por ejemplo, quizá sea mejor que esté solo para no confundirlo.) Si juegas con tres o cuatro niños, ocurre algo extraordinario a medida que avanza la cuenta: aquellos números (como el doce y el veinticuatro) que tienen tres o más múltiplos suenan más fuerte; por otro lado, los número primos solamente se distinguen por tu toque de tambor. Esta actividad compleja pero fascinante permite a los niños, literalmente, «oír» matemáticas.

## MÁS MÚSICA, SONIDO Y MOVIMIENTO PARA NIÑOS DE 7 AÑOS EN ADELANTE

*(Véase Música, sonido y movimiento para niños de 5 a 7 años)*

✻ Di el título de la canción

# Capítulo 7

# Percepción y ejecución

Las actividades y juegos de este capítulo ofrecen muchas facetas diferentes en cuanto a la capacidad de concentración visual, independientemente de lo que es leer o escuchar. En este campo encontrarás una buena variedad del clásico juego llamado *Concentración* (¿cómo podíamos olvidarnos del juego original?), así como algunas formas nuevas de convertir en diversión el desarrollo de la capacidad de concentración.

**ACTIVIDADES DE PERCEPCIÓN Y EJECUCIÓN
PARA NIÑOS DE 3 A 4 AÑOS**

# Cacería de letras +

Mediante esta sencilla actividad y antes de que tu hijo sepa leer, tienes la posibilidad de dirigir su capacidad de concentración hacia la identificación de las letras.

Toma uno de los libros del niño y, en lugar de leérselo, dile que «cace» letras. Si quieres, podéis seguir el orden alfabético o bien elegir las letras al azar: primero una E, luego una R, después una B, etcétera.

A él también le parece divertido utilizar una revista para este juego. A los niños les gusta mirar las revistas de mamá y papá; y se entretienen cazando letras mientras las hojean.

**Recuerda:
Las actividades marcadas con un «+» también son buenas
para niños más mayores.**

# Memoria fotográfica +

Este ejercicio de memoria estimula a tus hijos a prestar mucha atención a imágenes conocidas; en el caso de niños más mayores, el desafío reside en saber cuán minuciosamente son capaces de absorber información visual desconocida.

El método es siempre el mismo para todos: muestra a tu hijo una imagen por un período de tiempo limitado y que luego responda a preguntas relacionadas con la imagen, sin mirarla. Con niños pequeños, conviene elegir una ilustración interesante y razonablemente compleja de uno de sus libros de cuentos. Empieza con preguntas tan sencillas como: «¿De qué color era el perro?», «¿Había personas en el dibujo?», «¿Estaban dentro o fuera?». Puedes aumentar la dificultad haciendo preguntas sobre números («¿Cuántas flores había?») o sobre detalles de las caras de los personajes («¿Alguien llevaba gafas?»). Y, por supuesto, puedes ponerlo aún más difícil dejando menos tiempo para mirar la imagen.

Si se trata de niños más mayores, podrías escoger una fotografía de una de tus revistas (¡cuyo contenido sea adecuado para ellos, claro!). Cuando les hagas preguntas, puedes incluso jugar al engaño. «¿Qué estaba haciendo la mujer del sombrero?», podrías preguntar sabiendo que no había ninguna mujer con sombrero.

## Escritura en la espalda +

Cuando tu hijo lleve más o menos un año identificando bien las letras, ya estará preparado para poner a prueba su habilidad con una actividad que combina diversas facetas de la concentración y la capacidad sensorial del niño, de una forma curiosa.

**Pon a prueba la capacidad de concentración de tu hijo mediante un estímulo táctil.**

El juego es sencillo: haz que tu hijo se ponga en pie de espaldas a ti. Dibuja una letra mayúscula sobre su espalda. Trázala razonablemente grande y con lentitud. Comprueba si es capaz de adivinar qué letra es.

En el caso de niños más mayores, es juego puede ampliarse de letras a palabras o nombres cortos.

# ¡Haz memoria! +

La observación, un aspecto de la concentración, se pone provoca-
doramente a prueba en este juego que requiere una bandeja y un
surtido de objetos domésticos. Reúne cosas sin que te vea tu hijo,
espárcelas sobre la bandeja (unas diez cosas si el niño es pequeño,
veinte o más si el niño es mayor), y cubre la bandeja con un paño.
Llévasela a tu hijo y dale un minuto para que examine los objetos
que contiene. Luego, sal de la habitación llevándote la bandeja.

Ahora tu hijo procurará hacer una lista de todo lo que conte-
nía la bandeja. Si aún no sabe escribir, di que enumere los objetos
en voz alta y anótalos tú.

Este juego será muy gratificante para el niño a medida que
vaya jugando y esforzándose reiteradamente. Una variación interesante consiste en que tu hijo examine el contenido de la bandeja,
igual que antes; que tú te lleves la bandeja como antes, pero luego
vuelves con ella habiendo quitado uno de los objetos. Comprueba
cuánto tarda tu hijo en darse cuenta de lo que falta.

## Buscar parejas +

Éste es un juego que requiere dos hueveras de cartón vacías y puede jugarse de forma sencilla o compleja dependiendo de la edad del niño.

Si los niños son de corta edad, toma una huevera y pon pequeños objetos en cada uno de los seis huecos. Deben ser objetos que el niño pueda reconocer; también debe saber dónde encontrar otros objetos iguales dentro de casa. Podrías poner una moneda en un hueco, un caramelo en otro, una goma elástica en otro, etcétera. Muestra a tu hijo los objetos que has puesto en la huevera y luego ciérrala. Ahora el niño tendrá que ir a buscar otros objetos iguales y ponerlos en la otra huevera.

Para incrementar la dificultad en razón de la edad, puedes decir a tu hijo que busque los mismos objetos que has puesto en la huevera y que los meta en la suya colocándolos exactamente igual. O puedes aumentar el número de objetos a ocho o incluso a diez; o también reducir el tiempo de observación de los objetos. Y por último, como reto supremo, puedes fijar un plazo para que tu hijo intente hacerlo todo sin rebasar un tiempo determinado.

# Concentración I - parejas (versión clásica) +

¿Qué libro de actividades que se proponga mejorar la concentración dejaría de incluir este juego? De hecho, como verás, hay distintas versiones del mismo. Empecemos con la versión clásica, que es un juego de cartas.

A los niños pequeños les resulta divertido preparar y jugar este juego porque sobre todo implica armar un buen follón. Toma una baraja de cincuenta y dos cartas y espárcelas cara abajo por el suelo. No tienen que seguir ningún orden concreto. (Para que el juego resulte más accesible a los niños pequeños, preselecciona un número menor de cartas —veinticuatro— siempre que todas estén emparejadas.)

> **En este libro hay diversas versiones del juego *Concentración*.**

Los niños parecen estar naturalmente dotados para disfrutar de los juegos de memoria que consisten en hacer parejas, y éste lo es. Turnaos en dar la vuelta a dos cartas. Buscáis parejas: parejas numéricas desde el as hasta el diez y parejas de letras en el caso de las figuras. Si las cartas a las que tu hijo da la vuelta no forman pareja, las pone otra vez boca abajo en su lugar y te toca jugar a ti. Pronto daréis vuelta a cartas que son parejas de alguna que uno de los dos ya ha levantado antes. ¿Podéis recordar dónde estaba?

## Concentración II - guijarros +

Este juego de los indios norteamericanos es una versión verdaderamente curiosa del juego clásico. Dos jugadores, cada cual con el mismo número de guijarros, se sientan espalda contra espalda en el suelo. Uno de ellos hace un dibujo cualquiera con sus guijarros. Cuando acaba, el segundo jugador se da la vuelta para mirar el dibujo durante un minuto. Luego vuelve a su posición e intenta copiarlo empleando sus propios guijarros. Si lo consigue, es su turno de hacer un dibujo. Si no lo consigue, el primer jugador juega otra vez.

Se puede adaptar el número de guijarros a la edad del niño. Un puñado es una buena medida, lo que pueden ser ocho o diez guijarros para los jugadores pequeños y quince o más para los de más edad.

## MÁS ACTIVIDADES DE PERCEPCIÓN Y EJECUCIÓN PARA NIÑOS DE 4 A 5 AÑOS

*(Véanse Actividades de percepción y ejecución para niños de 3 a 4 años)*

☆ Cacería de letras

**ACTIVIDADES DE PERCEPCIÓN Y EJECUCIÓN PARA NIÑOS DE 5 A 7 AÑOS**

# Concentración III - velocidad +

He aquí una insólita variación del juego clásico en el que las cartas se ponen boca arriba. Esparce las cartas por el suelo igual que en la versión original; puedes utilizar toda la baraja o parte de ella. Además, necesitarás un cronómetro o un reloj con segundero.

Di a tu hijo que mire las cartas durante un minuto más o menos. Se trata de que el niño reúna todas las cartas lo más rápidamente posible al tiempo que tú las nombras en voz alta. Empieza diciendo: «A tu puesto... preparado... ¡rey de diamantes!» (o cualquier otra carta que elijas). Fíjate muy bien en las cartas también tú para tener siempre preparado el nombre de la siguiente carta que el niño ha de buscar.

Verifica cuánto le cuesta reunir la baraja entera. Anota el tiempo y compáralo con otros tiempos que consiga en sucesivas «ediciones» del juego.

# ABC palabras +

Si en una revista encuentras unas cuantas fotografías grandes y complejas, puedes utilizarlas para jugar a un emocionante juego de concentración relacionado con el alfabeto.

Todos los jugadores (podéis jugar dos o más) empiezan anotando las letras del alfabeto en el margen izquierdo de una hoja de papel. El objetivo es buscar en la foto algo que empiece con cada una de las letras. Obviamente, es posible que no haya cosas para todas las letras, pero se trata de hacer cuanto se pueda en dos o en tres minutos. No escribáis más de una cosa por letra; si en la foto veis dos o más cosas, elegid una que creáis que los demás no han escrito. Los jugadores deben estar sentados de tal manera que todos puedan ver la fotografía pero no las listas de los demás.

Cuando se termine el tiempo, comparad las listas. Cualquier palabra que aparezca en más de una lista, se tacha. Apuntaos un punto por cada palabra que ningún otro jugador tenga anotada. Pueden jugarse tantas partidas como fotografías haya. O podéis fraccionar el alfabeto en A-M y N-Z, y emplear cada fotografía dos veces.

## Contar segundos +

¿Es capaz tu hijo de hacer una buena estimación del paso del tiempo? Probar a contar los segundos mientras pasan proporciona a tu hijo una oportunidad poco común de intentar realizar una notable hazaña de concentración.

Sólo hace falta un reloj con segundero. Di a tu hijo que te gustaría que, contando los segundos mentalmente, te dijera cuándo han pasado treinta segundos. Dile un «¡preparado, listo, ¡ya!» y a ver cómo lo hace.

Cada niño responde de una manera a este ejercicio. A muchos les fascina el esfuerzo que supone. Si tu hijo se equivoca por mucho, haz que mire el segundero durante treinta segundos y que vuelva a probar. Si lo hace muy bien, ponle a prueba con sesenta segundos.

## Generar palabras +

¿Cuántas palabras nuevas y más cortas puede formar tu hijo utilizando las letras que componen una palabra más larga? Ésta es la esencia del juego.

Escribe una palabra en un trozo de papel y haz que tu hijo utilice las letras para formar tantas palabras como pueda. Elige una palabra conocida con una buena mezcla de letras; puede ser relativamente corta, como «mitad» o algo más larga, como «mariposa».

# Instrucciones +

Una cosa es aplicar destrezas de concentración a un juego, pero ¿es capaz tu hijo de concentrarse en las tareas diarias? Ésta es una propuesta para hacer de ellas un juego.

Elige una cosa que tu hijo haga con facilidad: quizá lavarse los dientes o abrir una puerta o leer un libro. Dile que te gustaría que elaborara unas instrucciones infalibles para realizar esta acción, instrucciones que descompongan la acción hasta el último detalle. Si hablamos de lavarse los dientes, por ejemplo, el niño no puede decir solamente: «Poner pasta de dientes en el cepillo», sino que tendría que decir: «1) Coger el tubo de pasta de dientes. 2) Desenroscar el tapón. 3) Poner el tapón encima del lavabo. 4) Coger el cepillo de dientes. 5) Poner un poco de pasta de dientes sobre el cepillo. 6) Devolver la pasta de dientes a su sitio».

¡Oooh!, ha olvidado poner el tapón al tubo de pasta, cosa que como sabemos, es muy importante.

Los niños de menor edad podrían necesitar ayuda para escribir las instrucciones. A los niños más mayores se les puede animar a maquetar sus instrucciones como si fuera uno de esos folletos que acompañan a los electrodomésticos nuevos.

## Código Morse +

En algún momento entre los 5 y los 7 años, a muchos niños les fascina la idea de los códigos secretos. Hacerles estudiar y aprender el código Morse es un fabuloso ejercicio para desarrollar la concentración no sólo porque se requiere memorización, sino por la capacidad de discernimiento necesaria para «leer» los mensajes que se reciben.

En primer lugar, éste es el código básico:

| | | | | |
|---|---|---|---|---|
| **A** | . _ | | **S** | . . . |
| **B** | _ . . . | | **T** | _ |
| **C** | _ . _ . | | **U** | . . _ |
| **D** | _ . . | | **V** | . . . _ |
| **E** | . | | **W** | . _ _ |
| **F** | . . _ . | | **X** | _ . . _ |
| **G** | _ _ . | | **Y** | _ . _ _ |
| **H** | . . . . | | **Z** | _ _ . . |
| **I** | . . | | **1** | . _ _ _ _ |
| **J** | . _ _ _ | | **2** | . . _ _ _ |
| **K** | _ . _ | | **3** | . . . _ _ |
| **L** | . _ . . | | **4** | . . . . _ |
| **M** | _ _ | | **5** | . . . . . |
| **N** | _ . | | **6** | _ . . . . |
| **O** | _ _ _ | | **7** | _ _ . . . |
| **P** | . _ _ . | | **8** | _ _ _ . . |
| **Q** | _ _ . _ | | **9** | _ _ _ _ . |
| **R** | . _ . | | **0** | _ _ _ _ _ |

Explica a tu hijo para qué y por qué se utilizaba originalmente el código Morse. A un niño de los años 90 le parece asombrosamente primitivo que la única forma en que la gente pudiera comunicarse a larga distancia fuera mediante esta misteriosa combinación de «puntos» y «rayas».

Una buena manera de que el niño empiece a poner a prueba su conocimiento del código Morse es mediante naipes donde estén representados los símbolos del código. Le muestras cada carta brevemente y él te dice a qué letra o número corresponde. Cuando ya esté bien seguro de sus conocimientos, hay que pasar de la lectura de puntos y rayas a la audición de golpecitos cortos y largos. Golpear dos cucharas entre sí, reverso contra reverso, es una buena manera de hacer «señales» en código Morse. También puedes dar golpecitos en la pared. U optar por una señal visual utilizando una linterna.

## ¿Y la otra mano...? +

Todos tenemos dos manos, pero naturalmente hacemos muchas tareas importantes sólo con una de ellas. «Forzando» a tu hijo para que procure utilizar su mano más débil en la realización de algunos quehaceres, fomentarás un tipo de concentración especialmente afinada y orientada hacia la destreza física.

Empieza por hacer que tu hijo lleve a cabo una tarea diaria, como comer los cereales del desayuno o lavarse los dientes con la mano que habitualmente no utiliza. La ejecución de este tipo de cosas será torpe; incluso una cosa aparentemente sencilla y automática como lavarse los dientes con dentífrico pasa a ser una actividad que exige una atención particular cuando se hace con la mano que nunca se utiliza.

La verdadera diversión empieza cuando ves a tu hijo escribir sin emplear la mano dominante. Haz que entre en calor escribiendo cada letra del alfabeto. Después, que escriba su nombre y dirección. No sólo es difícil, sino que seguramente a tu hijo le parecerá muy cansado, tanto mental como físicamente. Pero así puedes estar seguro de que está realizando un buen ejercicio de concentración.

## MÁS ACTIVIDADES DE PERCEPCIÓN Y EJECUCIÓN PARA NIÑOS DE 5 A 7 AÑOS

*(Véanse Actividades de percepción y ejecución para niños de 4 a 5 años)*

- Memoria fotográfica
- Escritura en la espalda
- ¡Haz memoria!
- Buscar parejas
- Concentración I - parejas (versión clásica)
- Concentración II - guijarros

## ACTIVIDADES DE PERCEPCIÓN Y EJECUCIÓN PARA NIÑOS DE 7 AÑOS EN ADELANTE

## Leer en los labios

¿Crees que tu hijo y tú sois capaces de comunicaros si él habla normalmente pero tú sólo mueves los labios? Concedeos cinco minutos al día para comprobarlo. Ayuda a tu hijo hablando lentamente y haciendo una cierta cantidad de movimientos exagerados con la boca. Observa qué palabras o sonidos entiende con más facilidad y repítelos con frecuencia.

Claramente, esto agudiza la capacidad de concentración de tu hijo de una forma muy particular; la recompensa inherente es la comprensión. Si él persevera y tú haces esto repetidamente, adquirirá una destreza nueva y curiosa.

## MÁS ACTIVIDADES DE PERCEPCIÓN Y EJECUCIÓN PARA NIÑOS DE 7 AÑOS EN ADELANTE

*(Véase Actividades de percepción y ejecución para niños de 4 a 5 años)*

- Memoria fotográfica
- Escritura en la espalda
- ¡Haz memoria!
- Buscar parejas
- Concentración II - guijarros

*(Véase Actividades de percepción y ejecución para niños de 5 a 7 años)*

- Concentración III - velocidad
- ABC palabras
- Contar segundos
- Generar palabras
- Instrucciones
- Código Morse
- ¿Y la otra mano...?

# Tercera parte

# La concentración: cimiento del éxito y la felicidad

# Capítulo 8

# Concentración, televisión y videojuegos

En su libro *Touchpoints*, una guía para el desarrollo emocional y conductual, el conocido pediatra T. Berry Brazelton afirma que, además de la familia, hoy en día no hay ninguna otra fuerza que influya tan poderosamente en el comportamiento infantil como la televisión. Por cada persona que defiende que la televisión y los videojuegos no son buenos para los niños, siempre parece haber otra persona que sugiere que, si se selecciona el contenido y se limita el tiempo que se pasa ante el televisor, la televisión tiene ciertas ventajas patentes. Lo único que parece quedar claro en este debate es la idea de que, para mejor o para peor, es improbable que la televisión desaparezca pronto.

En este libro, evitaremos el tema de los contenidos —si la televisión es buena, mala o indiferente para nuestros hijos, que es otro asunto— y en cambio nos centraremos en la cuestión de si la televisión puede fomentar la concentración y la autorregulación. Veamos primero qué dicen aquellos que la desaprueban

La crítica autora de *The Plug-In Drug*, Marie Winn, afirma que la televisión permite que los niños absorban mucho sin poder participar verbalmente. Winn cita investigaciones que demuestran que los programas de televisión no facilitan un desarrollo verbal duradero. Más aún, dice Winn, los estudios ponen de manifiesto que el mismo acto de mirar pasivamente no hace gran cosa por ayudar a los niños a descubrir ni desarrollar sus puntos fuertes ni en el aspecto físico, ni en la interacción social ni en la autorregulación, un componente esencial de la atención y la concentración. La televisión despoja a los niños de la oportunidad de emprender actividades multisensoriales que, a la larga, serán intelectualmente más estimulantes así como social y emocionalmente más sustentadoras. Muchos niños que ven la televisión pueden estar pasivos, pero su sistema cardiovascular trabaja al máximo y sus músculos están tensos, es decir, su cuerpo está rígido y en tensión, no relajado.

> **Dando imágenes formadas, la televisión puede embotar la capacidad imaginativa de los niños.**

Las mejores artes de la televisión —primeros planos repentinos, zooms, colores brillantes, ruidos alarmantes— provocan en el cerebro del niño «respuestas instintivas al peligro y la excitación» sin dotarle de los medios físicos para darles salida, dice el doctor Thomas Armstrong, profesional de la educación especial. A esto solemos llamarlo «respuesta de lucha o huida». Muchos expertos creen que la hiperactividad e irritabilidad infantil pueden deberse a las continuas reacciones de «lucha o huida» sin que medie una actividad que las mitigue. El espectador de televisión ni lucha ni corre, sino que está sentado y mira, poniendo freno a la necesidad contenida de dar una respuesta física. ¿Podría ser que las cinco mil horas o más que muchos niños ya han pasado frente al televisor cuando cumplen los seis años tuvieran mucho que ver con al aumento de casos de trastornos relacionados con el estrés que ahora mismo tratan los médicos?

Algunos psicólogos han realizado investigaciones que demuestran que los niños de cinco y seis años copian el comportamiento que ven en la televisión, adquiriendo una conducta agresiva o violenta, imitando el lenguaje sexualmente explícito o adoptando una conducta protectora, si eso es lo que han visto.

A la larga, sin embargo, lo peor que la televisión puede hacer en el caso de los niños es darles imágenes hechas, embotando así la capacidad imaginativa del niño, posiblemente de por vida. Comparemos esto con que tengan la oportunidad de formar sus propias imágenes —su propio mundo interior— cuando les leemos algo, o leen ellos o escuchan cintas grabadas con cuentos. Leer o escuchar cuentos proporciona a los niños mayor sensación de control gracias al estímulo de su imaginación. Basándose en sus experiencias, pueden hacer que los personajes tengan el aspecto que ellos creen que deberían tener. Después de años de participar en el ritual familiar de escuchar durante la celebración de la Navidad una grabación de Dylan Thomas recitando su descriptivo y evocador poema *A Child's Christmas in Wales,* un niño que conocemos apagó el televisor a los pocos minutos de estar viendo una producción televisada del mismo. Los personajes no se parecían a los que él había inventado y le gustaban más los suyos.

En el otro extremo del debate, una de las que más abiertamente abogan *por* el valor de la televisión bajo ciertas circunstancias es Patricia Marks Greenfield, autora de *Mind and Media: The Effects of Television, Video Games and Computers.* Ella cree que la televisión, los videojuegos y los ordenadores son, todos, medios de socialización. Quienes no miran o juegan podrían estar en una posición de desventaja social entre amigos cuando éstos hablan de programas televisivos y videojuegos. Quizá necesiten encajar en su grupo de edad estando «enganchados» a los mismos programas que sus amigos.

Estupendo: ¡Todo un grupo de amigos incapaces de concentrarse, como testificarán muchos profesores!

Incluso hay un anuncio de televisión en el que aparecen unos niños en la peluquería haciendo comentarios sobre su módem nuevo, el más rápido del mercado, y un niño que baja la cabeza admitiendo tristemente que sus padres aún tienen un módem viejo y lento. Nos enteramos de que hasta el módem del peluquero es lo último, tal como amablemente comunica al niño tranquilizándole: «¡Eh!, que todos hemos empezado con poca cosa».

Hay algo tremendamente triste en este anuncio, como lo hay para las personas que piensan, cuando se esgrimen argumentos que ponen los imperativos tecnológicos o culturales mayoritarios por encima de la importancia de la salud física y mental de un niño. Esto también es un asunto enteramente distinto, tenedlo por seguro. Cuando está en juego el desarrollo de un niño, cabría esperar que los adultos se dieran cuenta de que hay cosas más importantes de las que preocuparse que la jactancia tecnológica, igual que cabría esperar que la presión de los amigos nunca fuera una razón lo bastante buena

> **Buenas noticias: si los adultos arbitran cuidadosamente el tiempo y contenido televisivo, pueden conseguirse algunos efectos positivos.**

## Lo bueno de escuchar

Estudios sobre educación demuestran que mirar la televisión no suele tener el poder de estimular la imaginación y fomentar la capacidad de concentración que tiene el hecho de escuchar. Cuando investigadores de la Universidad de Yale emprendieron la evaluación de los efectos de la televisión (*Mr. Roger's Neighborhood*) sobre el juego imaginativo de niños de 3-4 años, descubrieron —como era de esperar— que un grupo de niños junto con un adulto que les brindaba, en presencia, juegos y ejercicios destinados a fomentar la simulación y la imaginación mostró el mayor aumento en imaginación espontánea y juego de simulación. Niños que veían el programa junto con un adulto que mediaba en el contenido imaginativo del programa mostraron un buen aumento en los mismos aspectos, mientras que un grupo de niños que solamente veía la televisión sin que hubiera un adulto presente y un cuarto grupo que no veía el programa, no avanzaron en ninguno de los dos aspectos.

En 1980-1981 una organización dedicada a la investigación con sede en la Universidad de Harvard, Project Zero, realizó un estudio para comparar los efectos de distintos medios sobre la comprensión para condonar un comportamiento perjudicial para el desarrollo. Dicho esto, ¿qué *decir* de la televisión y la concentración? ¿Hay algo bueno en este terreno? Pues bien, parece posible que si al hecho de ver televisión se sumara una intervención adulta cuidadosamente medida, podrían conseguirse algunos efectos positivos. Posiblemente los niños pudieran ganar en destreza visual-espacial y capacidad de pensamiento crítico, en habilidades tales como comprender un argumento, adquirir conocimientos sobre caracterización, comprender los procesos del pensamiento y entender qué escenas individuales aportan algo a los programas televisivos y cómo lo hacen. Este último, sobre todo, parece ser un terreno en el que la televisión aporta algo que la lectura no puede aportar. Hay cierta evidencia, por ejemplo, de que los niños no son capaces de inferir correctamente la relación entre las escenas hasta que no cum-

---

de un cuento por parte de los niños. Sus descubrimientos en lo que respecta a la televisión en oposición a la lectura fueron a un tiempo asombrosos y perturbadores.

Uno de los investigadores leyó un cuento infantil ilustrado (*The Three Robbers*, de Tomi Ungerer) a un grupo de niños. Un segundo grupo vio una versión televisiva del cuento, en la que el mismo investigador hacía de narrador y las únicas imágenes eran las ilustraciones del libro.

Los resultados del estudio demostraron que los niños que escucharon la lectura del libro recordaban el cuento mejor y con más detalle que los niños que vieron la televisión. Los primeros recordaban más y utilizaban palabras y frases exactas del libro, mientras que los segundos tendían a parafrasear.

Aunque prácticamente ambos grupos alcanzaron las mismas conclusiones sobre el cuento, el grupo que vio la televisión dependía abrumadoramente de los aspectos visuales para comprender el cuento. En cambio, el grupo que escuchó el cuento utilizaba un proceso de razonamiento totalmente diferente: se servían de sus experiencias personales y su conocimiento del mundo real para comprenderlo.

plen los siete u ocho años. Hasta entonces, para ellos, cada toma es un acontencimiento aparte.

Usar responsablemente la televisión requerirá sin duda un poco de trabajo por tu parte. Planificando las horas semanales de televisión de tu hijo o de la familia, puedes ayudar a tu hijo a desarrollar destrezas de planificación y organización, y a seleccionar valores. El doctor Brazelton sugiere limitar el tiempo televisivo a una hora diaria entre semana y a no más de dos horas diarias los fines de semana. Es más, sugiere que al menos la mitad del tiempo televisivo semanal sea compartido por padres e hijos. De este modo, la televisión pasa a ser una actividad familiar conjunta, una actividad en la que la familia puede intercambiar ideas y debatir los temas, ya sean deportes o dibujos animados. La televisión en general se convierte así en una actividad pensada, en lugar de una actividad automática. Los programas especiales o excepcionales pueden llegar a ser acontecimientos familiares importantes.

Y al apagar el televisor, haz lo que hacían los padres de antes. Involucra a tus hijos en actividades tangibles, físicas. Juega con ellos a juegos como los que ofrece este libro o *Enseña a tu hijo a ser creativo*, o enséñales a jugar entre ellos. Ayuda a tu hijo menor a desarrollar la habilidad de jugar a solas durante períodos prolongados de tiempo, una habilidad mucho más avanzada y gratificante que la de mirar a solas la televisión durante períodos prolongados de tiempo.

Sin televisión, los niños deben empezar a pensar por sí solos. Deben tomar decisiones sobre lo que harán; deben encontrar y tomar parte en cosas que les interesen. Así estarán aprendiendo a diferenciar lo que les interesa de lo que no les interesa, a persistir en sondear ese interés y aprender de él y a planificar su tiempo que son, en pocas palabras, componentes importantes de la concentración.

## Ꮼ Capítulo 9 Ꮼ

# El papel de la escuela

Durante más de dos mil quinientos años, la cultura humana ha elaborado teorías sobre cómo aprendemos las personas. Solamente en las últimas décadas, los psicólogos han escrito centenares de libros sobre este tema. Los maestros principiantes estudian unas cuantas de estas teorías en los cursos de psicopedagogía.

No hace falta decir que el asunto es complejo. Por lo pronto tenemos que diferenciar entre el *estilo* de aprendizaje de una persona —es decir, su forma particular de aprender— y, en la base de todo ello, cómo *«aprende»* información el propio cerebro. Los expertos han hecho mucho por explicar las diferencias en el estilo de aprendizaje de las últimas generaciones. Ahora comúnmente se acepta que los seres humanos podemos diferir en cuanto a cuál de los cinco sentidos preferimos cuando se trata de aprender.

Y así, aunque se estima que casi las tres cuartas partes de nuestros conocimientos los adquirimos visualmente, hay niños que sin embargo aprenden mejor a través del movimiento, el tacto o el oído. Hace muy poco que hemos llegado al punto en que nuestro sistema educativo empieza a comprender esto y trabaja mejor para adaptar el método pedagógico a la modalidad preferida por el niño, o, mejor aún, utilizando las tres para asegurarse de que la información impartida llega a todos los niños.

Alrededor de un 65 por ciento de los estadounidenses aprendemos visualmente; nos concentramos mejor y aprendemos mejor gracias a la información escrita, los diagramas y las imágenes. Por supuesto, éstos son los materiales usuales que los niños manejan en la mayoría de las aulas. Pero el aprendizaje visual crea inferioridad de condiciones cuando los conocimientos deben transmitirse oralmente y no existe posibilidad de tomar apuntes minuciosos. Los niños que se apoyan en la visualización aprenden mejor a leer por medio del reconocimiento de las palabras.

Los niños que se apoyan en la audición, por otro lado, aprenden a leer porque captan las diferencias entre los sonidos y se relacionan mejor con la palabra hablada. Constituyen un 30 por ciento de la población y les gusta escuchar primero y tomar apuntes después —si es que lo hacen— o bien recurren luego a apuntes impresos.

Solamente el 5 por ciento de los niños aprenden a través del movimiento o el tacto, aunque tal cosa sucede más entre los más pequeños. Estos niños aprenden muy eficazmente por medio del tacto y el movimiento en el espacio, y muchos pequeños hiperactivos aprenden mejor cuando se les permite moverse. Los niños que se apoyan en el movimiento son excepcionalmente buenos a la hora de aprender habilidades por imitación y práctica. Cuando el material didáctico no se les presenta con arreglo a su estilo de aprendizaje, puede parecer que tardan en aprender. Aprenderían mejor a leer, por ejemplo, trazando letras en la arena o formando palabras con letras recortadas en papel de lija e identificándolas luego a través del tacto.

Se cree que bajo el estilo de aprendizaje de cada individuo, sin embargo, existe un conjunto común de aspectos psicológicos y neurológicos básicos que explica cómo aprende el cerebro. En capítulos anteriores hemos visto que el niño primero conoce su mundo simplemente mirando las cosas nuevas. Distrae su atención fácilmente cuando cambia la fuente de información sensorial. Gradualmente, a medida que se produce el desarrollo neurológico, puede atender simultáneamente a diversas fuentes de información sensorial. Es capaz de sostener un juguete y escuchar música al mismo tiempo sin soltar el juguete. Es el paso siguiente en el desarrollo de su capacidad de atención y de su capacidad de mantener la atención.

Con la mejora de su habilidad motora y de percepción, el bebé empieza a «prestar atención» a información más compleja, especialmente aquella que requiere de él un movimiento o respuesta física, y es capaz de concentrarse en ella hasta el punto de excluir cualquier otra información inmediata. Con su progresiva evolución, aumenta firmemente el período de tiempo en que es capaz de concentrarse en una tarea que implica más de un estímulo, o en una información, sin distraerse con estímulos insignificantes o intrascendentes. Ahora ya es posible el aprendizaje/la enseñanza, pero ¿qué es esto exactamente?

> **Las escuelas deben esforzarse por comprender mejor las diferencias en el estilo de aprendizaje y el temperamento de los niños.**

Pues bien, esto es lo que no queda claro. A pesar de los cientos e incluso miles de años que llevamos teorizando, todavía no hemos conseguido una explicación satisfactoria de cómo exacta y concretamente aprendemos las cosas. Hoy en día los expertos creen que es porque no sabemos lo bastante del cerebro y del sistema nervioso. En el pasado se han ofrecido otras explicaciones; en el futuro quizá se ofrezcan algunas más. Pero lo cierto es que la consciencia humana todavía constituye un misterioso fenómeno.

Pese a ello, intentamos entenderla. En lo que se refiere al aprendizaje, los expertos han reducido el asunto a dos teorías primordiales relacionadas con la forma en que el cerebro parece establecer conexiones que amplían lo que se ha aprendido previamente. La primera es la que llamamos de asociación, o aprendizaje de respuesta a estímulo. Aquí subyace la idea claramente mecánica de relacionar información ya almacenada en el cerebro con una información entrante, lo que conduce al aprendizaje de una idea o habilidad nueva. Por ejemplo, un bebé llora, lo cogen en brazos y lo consuelan. Lo mismo ocurre la siguiente vez que llora. La tercera vez que llora, ya no es porque tiene hambre o lleva los pañales mojados, sino simplemente porque quiere que lo vuelvan a consolar. Ha «aprendido» la manera de que le consuelen.

Una segunda teoría del aprendizaje, la teoría congnitiva (llamada a veces la teoría del «ajá»), tiene que ver sobre todo con la resolución de problemas. Esta teoría dice que la conducta del niño no necesariamente tiene que seguir el modelo de aprendizaje por ensayo y error, sino que podría desarrollarse gracias al entendimiento súbito y completo —una intuición— de la forma de solucionar un problema. Aun así, es todo muy misterioso.

Cada una de estas técnicas conduce al desarrollo de la memoria, aunque algunos teóricos creen que la memoria no es meramente la forma de aprendizaje en sí.

Típicamente la memoria se divide en memoria a corto plazo (de trabajo) y memoria a largo plazo (operativa). La memoria de trabajo dura segundos o, a veces, minutos. Buscamos un número de teléfono, lo recordamos y hacemos la llamada. Para cuando terminamos de hablar, hemos olvidado el número. La memoria operativa puede durar lo suficiente para hacer un examen o, dependiendo de su importancia, toda la vida. Repetir y recitar (lo que muchos llamamos memorización)˙ pueden ayudar a convertir la memoria de trabajo en memoria operativa. Nuestra idea de memoria es en realidad una serie de cambios químicos —los científicos los llaman «vestigios de memoria»— que se almacenan en las neuronas (células nerviosas) de distintas áreas del cerebro, dependiendo de que la memoria sea a corto plazo, a largo plazo, linguística, numérica, etc.

Aunque la evolución de la moderna tecnología nos permite hoy imaginar qué partes del cerebro están activas mientras se realizan ciertas tareas de la memoria, todavía no sabemos con exactitud dónde tiene lugar la memoria ni cómo se almacena. Para los expertos está claro, sin embargo, que no recordamos todo cuanto hemos aprendido o experimentado. Si esto fuera cierto, la mente sería un depósito de datos heterogéneos y no seleccionados. La información puede perderse con el desuso o resultar defectuosa debido a emociones intensas o reinterpretaciones.

## MEMORIA Y APRENDIZAJE

Sea lo que sea en verdad la memoria y como sea que tenga lugar, una cosa que ha ido quedando clara para los expertos estos últimos años es la diferencia que hay, en ambientes escolares tradicionales, entre estimular a los alumnos a memorizar hechos y ayudar a los niños para que aprendan a concentrarse mejor.

La memoria y la memorización son importantes, no hay duda. Pero un exceso de instrucción oral, con poca consideración hacia la autoselección de contenidos o hacia las diferencias en el estilo de aprendizaje, puede mover a los alumnos a recordar las cosas sin que medie mejoría alguna en su capacidad de concentración. Los maestros que amonestan a los niños para que «presten atención» parecen creer que los niños ya tienen incorporadas las destrezas relacionadas con la concentración o que simplemente las desarrollarán como resultado de su regañina.

Hoy en día, cada vez más expertos abogan por una mayor comprensión, dentro del sistema educativo, de las diferencias que existen entre los niños, tanto en el estilo de aprendizaje como en temperamento. Los maestros inexpertos en este aspecto son proclives a evaluar ciertas conductas con los calificativos de «reacia», «no cooperadora», o «tiene que seguir mejor las instrucciones», cuando, de hecho, si a un niño se le dan diferentes instrucciones, se le permite aprender de forma diferente o se le avisa de antemano cuándo debe finalizar una actividad, desaparece la conducta negativa.

Investigaciones llevadas a cabo en varias universidades norteamericanas pusieron de manifiesto que, con demasiada frecuencia, los criterios de los maestros sobre las verdaderas capacidades de aprender y de asumir la enseñanza de los niños, se basaban en lo que de hecho eran variaciones temperamentales. Además muchos, por no decir la mayoría de los maestros, no están preparados para la enseñanza individualizada pese al hecho de que las investigaciones también demuestran que la enseñanza en grupo es bastante menos eficaz.

Anticiparse, y responder, a estos males educativos es lo que hizo una importante figura de finales del siglo xix, la italiana María Montessori. Doctora en medicina, empezó a interesarse por la educación en sus esfuerzos por enseñar a niños mentalmente discapacitados. Montessori adaptó y desarrolló con éxito una técnica educativa y unos materiales didácticos especiales basados en las investigaciones que dos investigadores franceses, Jean Itard y Edouard Séguin, habían realizado con niños sordos y «subnormales».

A continuación del éxito con los discapacitados mentales, Montessori dirigió su atención a niños procedentes de familias desfavorecidas. Fundó una escuela para ellos y descubrió que su propuesta educativa también daba buen resultado con estos niños. Hoy en día hay escuelas Montessori en más de cincuenta países de todo el mundo.

Aunque el trabajo de Montessori constituye sólo un enfoque del aprendizaje, es importante en general porque su planteamiento está firmemente arraigado en las fases evolutivas del niño y tiene en cuenta la noción de que la educación del niño debe verse en su conjunto, no de año en año; sus esfuerzos son importantes en el contexto del debate que aquí sostenemos porque sus métodos parecen favorecer a un tiempo la concentración y el éxito educativo a largo plazo. Debemos admitir que ninguna propuesta educativa funciona igual de bien con todos los niños, pero los éxitos de Montessori nos permiten profundizar en el aprendizaje y el desarrollo infantil en general.

Montessori creía que en cada fase del desarrollo había «sensibilidades» que facilitaban el alcance de las metas definitivas de cada fase. En cada una de ellas el interés y el aprendizaje comienzan lentamente, llegan a un punto máximo y luego decaen cuando se consiguen los objetivos. Esto contrasta con la educación lineal de las escuelas públicas, donde la enseñanza sigue un ascenso estable, aumentando la dificultad con cada año que pasa.

Orientada hacia objetivos de largo alcance, la propuesta educativa de Montessori permite que cada niño avance a su ritmo hacia las metas del desarrollo, estructurando una destreza tras otra. Que una fase cueste más tiempo a un niño que a otro, no constituye problema alguno; por lo tanto, ahí tienes una clase llena de niños que trabajan en diferentes niveles con materiales diferentes en un entorno especialmente «preparado». La propuesta educativa de Montessori se basa en la filosofía de que a los niños les resultará excitante el aprendizaje en proporción directa a la medida en que se les permita descubrir soluciones por sí mismos.

Una serie de estudios realizados con niños hiperactivos, dirigidos por el médico canadiense Donald Sykes, demostraron que, en tareas en las que el niño lleva el control de la situación y puede establecer su ritmo, hace lo mismo que los demás niños, pero cuando el experimento controla la tarea, lo hace peor.

Montessori creía que cuando un maestro dice a los niños qué deben investigar, cómo lo tienen que hacer y qué tienen que descubrir, su interés y conducta se deterioran. Pierden el entusiasmo por aprender y pasan a ser dependientes de la supervisión y el control de los adultos.

Ciertamente el método Montessori no es el único enfoque de aprendizaje y concentración; se han utilizado con éxito otros métodos en escuelas públicas y privadas, tanto religiosas como laicas. Pero una de las cosas que merece la pena destacar de los niños Montessori es que por la forma en que han sido enseñados, están acostumbrados a aceptar la responsabilidad y a iniciar y completar trabajos independientemente de la dirección del maestro. Al término de sus seis años, los niños de un aula Montessori tienen —o superan— las destrezas académicas y los conocimientos de los niños que están en el sistema educativo normal. Por la forma en que han aprendido, poseen mayor confianza, autorregulación y capacidad de concentración —destrezas de aprendizaje más maduras— que sus iguales de la escuela pública. En 1978 un grupo de padres norteamericanos promovieron la creación de un ciclo escolar (alumnos de doce a quince años) basado en principios Montessori. Ahora se han establecido más de cien de estos ciclos en Estados Unidos y el número sigue en aumento.

## Los ritmos del aprendizaje

Hace unos años se puso de moda la cosa de los biorritmos. La gente compraba artefactos electrónicos que alertaban de los días buenos —los días en que el individuo sería más eficaz— y de los «días críticos», en los que serían más propensos a sufrir accidentes.

Pero modas aparte, es cierto que nuestro ritmo interno afecta al aprendizaje y a la capacidad de atención. Incluso existe todo un campo de la ciencia —cronopsicología— que estudia los efectos de los diversos ritmos biológicos sobre nuestra capacidad física, mental y emocional. Debido al ciclo regular de veinticuatro horas que todos pasamos, la mayoría —excepto las «aves nocturnas»— estamos más alerta por la mañana.

Alrededor del mediodía, nuestra capacidad de atención empieza a decaer y sigue así durante toda la tarde. ¿No tendría más sentido, por lo tanto, que la mayoría de los niños hicieran los deberes por la mañana?

También por la mañana resolvemos mejor los problemas y nuestra memoria de trabajo es óptima alrededor de las 9. Ésta es la parte del día en que los maestros deberían programar las pruebas, los ejercicios, las conferencias, cualquier tema al que el niño deba prestar mucha atención. Alrededor de las 3 de la tarde la memoria operativa está

## QUÉ PEDIR A LA ESCUELA

En su mayoría, a los maestros de las escuelas públicas les resulta imposible estructurar sus clases para que cada niño pueda fijar su ritmo y aprender conforme a éste. No suele ser culpa del maestro, que debe adaptarse a las normas de la escuela y a la legislación en materia educativa, y que debe pasar al niño a otro maestro al final del año académico.

---

en el punto álgido y es entonces cuando cabría introducir actividades estimulantes e interesantes en las que se permitiera el movimiento.

A lo largo del día tenemos ciclos de 90-120 minutos, que el psicólogo Ernest Rossi llama ritmos ultradianos. Este ritmo natural da paso al cambio de la actividad al descanso o al predominio del hemisferio cerebral derecho. Significa que en la vida diaria normalmente necesitamos tomarnos un descanso cada hora y media más o menos. Los ritmos ultradianos constituyen la base psicológica de esos momentos en que nos encontramos soñando despiertos. El doctor Rossi los llama «períodos normales de volverse hacia dentro». Necesitamos esos momentos para nuestro equilibrio emocional y fisiológico.

Sin embargo, no está claro si sucede lo mismo en el caso de los niños ya que la doctora Montessori descubrió que cuando se autodirigen e imponen su ritmo de aprendizaje, trabajan mejor durante un ciclo ininterrumpido de tres horas.

Verifica tú mismo tus ritmos diarios. Lleva un diario donde reflejes los momentos del día en que tu hijo y tú realizáis mejor ciertas actividades, cuánto tiempo podéis trabajar en ciertas tareas, cuándo necesitáis tomaros un descanso después de una actividad continuada. Verifica qué pasa en la escuela de tu hijo. Entérate de cuándo están programadas las diversas actividades para determinar si la escuela «se adapta al ritmo» de tu hijo o lo fuerza a seguir un ritmo impuesto.

Aun así, como padre, puedes averiguar cosas que indiquen que la escuela de tu hijo intenta por lo menos favorecer el ritmo personal y el desarrollo de la capacidad de concentración de cada niño:

☆ Comprueba si se deja tiempo y hay equipo disponible para que los niños tengan ocasión de dedicarse a realizar parte del aprendizaje siguiendo su propio ritmo. ¿Deben trabajar solamente en proyectos específicos o, por lo menos algunas veces se les permite seguir sus intereses?

☆ ¿Proporciona el maestro materiales diversos para favorecer el aprendizaje visual, cinestésico, táctil y auditivo? ¿Permite o anima a los niños a seguir su estilo de aprendizaje, o exige que los niños aprendan todos igual? ¿Todos los niños, o grupos de niños, tienen que hacer lo mismo al mismo tiempo?

☆ ¿Permite el maestro que tu hijo se centre en sus intereses y los enlaza con el programa de estudios normal? Quizá tengas que conseguir la colaboración del maestro y apoyar sus esfuerzos para que proporcione a tu hijo las mejores oportunidades de aprendizaje, de forma que los conocimientos y la capacidad de concentración se desarrollen conjuntamente.

☆ Pide una cita con el director para conocer sus ideas sobre la forma en que los niños aprenden a concentrarse, si piensa que no solamente se incrementa la duración de la atención sino que además se desarrrolla una motivación paralela, o si cree que atención y motivavión incluso están aunadas. ¿Cómo aplica la dirección su filosofía a los maestros de la escuela?, es decir, ¿deben todos guiarse por ella, o están en libertad de ayudar a los niños a desarrollar su capacidad de concentración basándose en su propia filosofía?

# Impedimentos para el aprendizaje relacionados con la concentración

Los padres norteamericanos no son exactamente los mismos desde que *Why Johnny Can't Concentrate*, escrito por el doctor Robert A. Moss, llegó a las librerías en 1990. Tras décadas de lidiar con ciertos tipos de niños excesivamente activos y difíciles de controlar, Moss unificó a todos bajo un epígrafe común que era nuevo para la mayoría de nosotros: Desorden de Atención Deficitaria (DAD). Moss no había inventado el término —ni siquiera le satisfacía del todo— pero sin embargo lo dio a conocer al público en general como nadie lo había hecho antes.

No hay dos niños con DAD que sean iguales, dijo Moss. Puede que presenten algunas conductas desconcertantes como son máxima tendencia a la distracción, escasa capacidad organizativa, impulsividad, avalancha incontrolada de ideas, dificultad para sentirse satisfechos, gran nivel de actividad, inmadurez social, cambios de humor, incoherencia en el desempeño de tareas y disfunción de la memoria.

El comportamiento de los niños con DAD puede variar de día en día, y según Moss, su atributo más coherente es su incoherencia. Para muchos la decisión de si atribuir a un niño un DAD está cargada de errores potenciales. Pero para los padres, el libro de Moss fue inestimable para alertarles de que ninguna de las conductas que su hjo presentaba era intencionada o maliciosa, así como para poner en primer plano, una vez más, conductas que la sociedad había intentado clasificar —y por tanto, contener—, durante la mayor parte de este siglo.

Desde entonces florece la «industria» del DAD. El libro de Moss, sin embargo, no fue el primero en llamar la atención sobre estos casos. Antes de que existiera el DAD, existía la hiperactividad (ahora, por supuesto, las dos suelen combinarse en lo que algunos llaman DAD/H: Desorden de Atención Deficitaria/ Hiperactividad). Un libro pionero en este campo fue *The Myth of the Hyperactive Child and Other Means of Child Control*, escrito en 1975 pero todavía muy ignorado en la actualidad. En él, los autores Peter Schrag y Diane Divoky redactan un acerbo ataque a las decisiones de las autoridades responsables de la educación y socialización que «dan a cualquier hábito infantil molesto» una «designación pseudocientífica». Escuelas, médicos y autoridades, basándose en la evidencia médica de que un pequeño porcentaje de la población joven padece lesiones cerebrales, habían empezado a atribuir dolencias similares a «millones de niños que no padecen dolencias científicamente demostrables pero cuyo comportamiento se considera gravoso para los adultos», escribieron los autores. Un psiquiatra californiano dijo a los autores, lisa y llanamente, que «un niño hiperactivo es un predelincuente».

Tanto si se llama hiperactividad, DAD o cualquier otra cosa en años venideros, toda esta idea de poner etiqueta a la conducta es un asunto extraordinariamente engañoso. Uno de los problemas para definir y diagnosticar el DAD es el mismo hecho de que los niños que forman parte de este grupo *son* muy diversos y difieren en síntomas, inteligencia y estilo de aprendizaje. Otro problema es que al menos unas pocas de las características conductuales en cuestión están presentes, en una u otra medida, en casi todos los niños en algún momento de su desarrollo.

Un libro más reciente que arroja luz sobre este asunto es *The Myth of the ADD Child*, de Thomas Armstrong, publicado en 1995. Psicólogo infantil y anteriormente maestro de educación especial, Armstrong, haciéndose eco de las ideas que primero expusieron Schrag y Divoky, piensa que el DAD es un mito porque representa un «sistema de creencias coherentemente organizado» que presta poca atención a «los temas sociales, políticos, económicos, psicológicos y educativos en su aspecto más amplio» que encierra el término.

Según Armstrong, hay sólida evidencia de que aunque niños con diagnóstico de DAD puedan comportarse de cierta forma en el aula tradicional, suelen no presentar síntomas del desorden en varios contextos diferentes de la vida real, a saber: en situaciones cara a cara (en especial, con su padre); en el aula cuando se les permite elegir sus actividades y fijar su propio ritmo; en el transcurso de actividades en que su nivel de motivación es alto porque se les paga; y cuando se implican en situaciones que les interesan, son novedosas en algún aspecto, o presentan grandes incentivos.

> **Es veinte veces más probable que se diagnostique DAD a los niños norteamericanos que a los niños de otros países.**

Más aún, observa Armstrong, cuando más o menos la mitad de los niños a los que se ha diagnosticado DAD alcanzan la madurez, el desorden desaparece sin más, aunque hay mucha controversia sobre si esto es cierto o no, como la hay sobre otras características del DAD. Por ejemplo, Moss piensa que el desorden no desaparece sino más bien que para cuando alcanzan la madurez, los niños con DAD ya han aprendido a compensarlo de tal manera que la dificultad en el aprendizaje ya no es una discapacidad grave. Un médico estima que los déficits de atención permanecen en el 60 por ciento de los adultos a los que se diagnosticó DAD en la infancia.

Armstrong no niega que existan estas conductas, pero insiste en que no es un desorden médico sino algo más complejo y polifacético. «Finalmente —escribe—, podría haber tantas explicaciones del DAD como niños llevan esta etiqueta.»

A despecho de acusaciones e interrogantes, prevalece la noción de que el DAD tiene una base neurológica, posiblemente de origen genético, y que afecta de un 3 por ciento (de niñas) a un 10 por ciento (de niños) de niños norteamericanos (aunque anteriores estimaciones cuasi oficiales acercaban la cifra al 40 por ciento).

Históricamente, el DAD se observó oficialmente por primera vez en los inicios del siglo xx, cuando el doctor George Frederic Still, disertando para el Real Colegio de Médicos de Inglaterra, describió veinte casos de niños tratados por él cuya conducta indicaba que a todos era común un «defecto básico de control moral». A partir de ahí, todo vino rodado. En los años 70, la psiquiatra Camilla M. Anderson sugirió que los niños con lesiones cerebrales mínimas no debían dejarse «prosperar».

Desde aquel entonces conductas similares a las descritas por Moss han sido clasificadas bajo veinticinco nombres distintos, entre ellos: impulsividad orgánica, síndrome inquieto, desorden de conducta postencefalítica, reacción hipercinésica de la infancia, hiperactividad del desarollo y síndrome de Strauss. Durante un tiempo en los años 50 y 60, esta conducta se consideró el resultado de lesiones cerebrales mínimas y se decía que los niños tenían disfunción cerebral mínima. Decididamente era un desorden en busca de nombre.

Entonces, en 1980 la American Psychiatric Association incluyó el desorden de atención deficitaria en la tercera edición de su *Diagnostic and Statistical Manual of Mental Disorders (DSM III)*, convirtiéndolo oficialmente en «enfermedad», aun cuando entonces no había demasiada gente que, en fin, le prestara atención. En 1987, cuando se revisó el manual, el nombre del desorden había cambiado a Desorden de Atención Deficitaria/Hiperactividad, pese al hecho de que muchos niños con diagnóstico de déficit de atención no son hiperactivos. Cuando el manual volvió a revisarse en 1994, el término DAD/H llegó a distinguir entre conductas en las que seis o más características de *inatención* habían predominado durante al menos seis meses, y conductas en las que la característica distintiva es la *hiperactividad-impulsividad*. Cuando las tres características importantes del DAD —inatención, hiperactividad e impulsividad—están presentes, entonces hablamos de DAD/H de tipo combinado. Ahora ya lo sabes.

Aunque se ha demostrado que más del 95 por ciento de los individuos con DAD no tienen ninguna lesión cerebral, una de las primeras teorías sobre este desorden era que las personas con DAD tenían un déficit de neurotransmisores, probablemente heredado del padre. Los neurotransmisores son sustancias químicas que

---

### Puntos fuertes de los niños con DAD

**E**s posible que el DAD no sea una experiencia totalmente negativa; como todos los niños, los que tienen diagnóstico de DAD poseen atributos particularmente positivos.

Incluso aunque pueda haber problemas con el trabajo escolar, numerosos estudios han establecido que los niños con DAD son generalmente tan inteligentes, y con frecuencia más inteligentes, que otros niños de la misma edad. También son extremadamente creativos e innovadores, y suelen poseer talento artístico.

Los niños con DAD tienen una perspectiva única. Frecuentemente ven el mundo de una forma totalmente diferente a sus padres y a otros niños pertenecientes a su mismo grupo de edad, aportando una visión de las cosas que resulta insólita y gratificante. Poseen una curiosidad inmoderada y maña para la experimentación, lo que a veces es una bendición y otras veces es pavoroso. Por ejemplo, Nancy Boyles y Darlene Contadino han aprendido unas cuantas cosas «divertidas» de sus niños con DAD: que las zapatillas de tenis no dejan gotear el sirope, que el pan con mantequilla se queda pegado al techo y que al margen de la cantidad de huevos que casques encima de la alfombra del salón, todos mantienen las cosas amarillas en el centro.

Los que resuelven problemas, aprenden de su propia experiencia. Los niños con DAD van valientemente donde muy pocos han ido antes, en su tenaz búsqueda para concentrarse en el descubrimiento de respuestas a los interrogantes que les desconciertan.

---

transportan mensajes de una neurona cerebral a la siguiente. Cuando nos concentramos, nuestro cerebro libera más neurotransmisores, provocando que la señales de «conexión» se desplacen más rápidamente, permitiendo que fijemos más la atención en un área o tema y que atajemos los estímulos intrusos. La teoría de que la merma de neurotransmisores era la base del DAD, se desarrolló de una forma paradójica: se descubrió que administrar un estimulante a un niño hiperactivo con DAD disminuye ese tipo de comportamiento. En consecuencia, los médicos postularon que la medicación incrementaba la producción de neurotransmisores. Investigaciones genéticas recientes han reforzado la idea de que tal relación podría existir.

> **El problema no es que el niño con DAD no preste atención, sino que presta atención a *todo*.**

Más recientemente, un estudio de 1996 costeado por el National Institute of Mental Health sugiere que la incapacidad para fijar la atención podría ser resultado de anormalidades estructurales sutiles en aquellas partes del cerebro que inhiben los pensamientos. Imágenes de resonancias magnéticas del cerebro realizadas a cincuenta y siete chicos entre los cinco y los dieciocho años que tenían dificultad para mantener la atención, demostraron que su cerebro era más simétrico que los de un grupo de control de cincuenta y cinco chicos de la misma edad. Normalmente, el lado derecho del cerebro es más grande que el izquierdo.

Más concretamente, esta simetría daba por resultado una disminución del tamaño normal de las tres estructuras situadas en el lado derecho del cerebro, incluida una zona que se cree que sirve como centro de mando del cerebro (el prefrontal), así como una zona que se piensa que es la responsable de transformar las órdenes neurológicas en acción (conocida por *globus pallidus*).

En *Parenting a Child with Attention Deficit/Hiperactivity Disorder,* el libro más reciente escrito para los padres, las autoras Nancy S. Boyles, educadora, y Darlene Contadino, trabajadora social —ambas madres de niños con DAD—, dicen que el DAD raramente se encuentra aislado. Hay otros desórdenes que suelen acompañar al DAD, entre ellos «discapacidades para el aprendizaje, síndrome de Tourette, discapacidades en el proceso linguístico, problemas de integración sensorial, desorden obsesivo-compulsivo, alteraciones del humor, desorden desafiante opositor, desorden de conducta». Por un lado, esto es interesante; por otro, no nos dice mucho, puesto que cada uno de estos desórdenes también se ven aisladamente con frecuencia suficiente para asegurar que ninguno es un simple subproducto del otro. Y así la naturaleza exacta de su relación entre sí sigue siendo —como muchas cosas ahí arriba en el cerebro— un misterio.

## CARACTERÍSTICAS DEL DAD

Una característica indiscutible de los niños con DAD es, por supuesto, el problema que tienen para concentrarse. Esto no solamente consterna y frustra a padres y maestros, sino que también trastorna a los niños, especialmente si erróneamente se cree que su comportamiento es deliberado, desconsiderado o que desafía a la autoridad. Suele ser duro para padres y profesores pensar lo contrario, sobre todo cuando este comportamiento se compara con el de otros niños que poseen una capacidad de concentración adecuada a su fase de desarrollo. Con todo, uno de los mayores servicios que como padre puedes prestar a tu hijo es reconocer que no actúa así a propósito.

Una idea falsa del niño o persona con DAD, a menudo fomentada por la escuela, es que no presta ni prestará atención. No solamente no es cierto, sino que es contraproducente hacer esta suposición ya que al menos una parte del problema es que, de hecho, presta atención a todo. Y una de dos, o esto le distrae fácilmente de la tarea que tiene entre manos o se siente abrumado por toda la información que recibe. O las dos cosas. Comprende que el niño con DAD responde a cada acción que le rodea, a cada instrucción y a todo cuanto pasa por su mente, y que tiene dificultades para entender la importancia o prioridad de cualquiera de estas cosas. Podría estar tan agobiado por todo lo que le llega que sólo oye retazos de las instrucciones del maestro, ya que su centro de atención cambia una y otra vez.

Es lento en la acción y tiene dificultades para realizar tareas rutinarias o completarlas sin supervisión. También le resulta difícil seguir las normas y es tan propenso a distraerse en las situaciones sociales como cuando está en casa o en la escuela; por ejemplo: con frecuencia parece que no escucha lo que le dicen u olvida promesas que hace a sus amigos. Constantemente pierde sus cosas. Académicamente, su desempeño es inconsistente: a veces su rendimiento escolar es alto y otras veces, muy bajo, lo que lleva a sus maestros a observar que frecuentemente «no rinde conforme a su potencial». Tiene problemas para tomar apuntes y para organizarse, no sólo con los deberes sino en todo lo que le rodea. Su armario, su mesa de estudio y su cuarto son un puro desorden.

## REALIDAD TERAPÉUTICA

Un tema importante vinculado al complejo debate sobre los desórdenes del aprendizaje relacionados con la concentración es, naturalmente, la administración de medicación como tratamiento. Desde los años sesenta, un estupefaciente de tipo anfetamínico cuyo principio activo es el hidrocloruro de metilfenidato constituye la opción prioritaria en Estados Unidos para controlar la hiperactividad de los niños con diagnóstico de DAD, aunque los médicos también han recetado otra clase de anfetaminas, así como tranquilizantes, antidepresivos, antiespasmódicos e incluso antipsicóticos. En verdad, la administración de este fármaco nunca se concibió como única forma de intervención en los casos de DAD infantil, sino para tranquilizarles lo bastante para que pudiera utilizarse conjuntamente con otro tipo de medidas. Sin embargo, con demasiada frecuencia se confía en los medicamentos como única forma de tratamiento.

Los niños tratados con fármacos se serenan, pero ¿a qué precio? Si tu hijo tiene DAD, solamente tú puedes decidir si los resultados merecen la pena. Parece que algunos niños lloran con más facilidad que antes del tratamiento y que luego son menos creativos e innovadores. Los efectos secundarios más comunes son agitación nerviosa, inquietud e insomnio. Otras reacciones bien conocidas son: disminución del apetito, dolor de estómago, náuseas, dolor de cabeza, aturdimiento, somnolencia, taquicardia, abatimiento afectivo y tristeza. Se supone que todos estos efectos se minimizan con el ajuste de la dosis de medicamento pero, por supuesto, como sucede con todas las medicaciones, eso depende de la persona que la toma. Hasta que se llega a la dosis correcta, puede haber momentos incómodos. En contados casos, su administración ha provocado ataques, síndrome de Tourette y glaucoma. No se aconseja para niños menores de seis años y —es absolutamente crucial tenerlo presente— *no existe información sobre la seguridad y eficacia de su uso continuado.*

Generalmente no se discute el hecho de que el mencionado fármaco es adictivo. El *Physician's Desk Reference* se refiere a él como «estimulante moderado del sistema nervioso central». En Estados Unidos figura entre las drogas legales, clasificado junto con la morfina y los barbitúricos por su gran potencial de abuso.

Según el educador Thomas Armstrong, una de las numerosas hipótesis que muchos manejan en cuanto a la necesidad de administrar fármacos es que los niños aprenden mejor si están calmados, cuando lo cierto es que la experiencia de Armstrong demuestra que algunos niños necesitan escuchar música para aprender, mientras que otros necesitan poder moverse para concentrarse. O pueden necesitar interrumpir el tiempo de estudio con frecuentes descansos para moverse.

Aunque lo normal es controlar la cantidad de información que reciben los niños hiperactivos o impedir que les llegue, el investigador Sydney Zentall descubrió que cuando estos niños están en una habitación decorada con carteles, ilustraciones y alfombras de vivos colores, guirnaldas de luces navideñas encendidas, una jaula de ratones y música rock sonando de fondo, son capaces de serenarse y completar una tarea académica tan bien como cuando están en una habitación menos estimulante. Zentall concluyó que posiblemente el entorno doméstico y escolar no satisfacía las necesidades de los niños hiperactivos en su búsqueda de experiencias emocionantes, novedosas y de aprendizaje estimulante. Otros estudios confirman que a los niños hiperactivos no les gusta realizar tareas repetitivas de continuo.

Otras investigaciones han demostrado que cuando se observaba el comportamiento de niños calificados de hiperactivos en aulas «abiertas», la cantidad de actividad observable que realizaban no difería de la realizada por un grupo de control de niños de los llamados «normales», mientras que en el ambiente más formal de un aula «cerrada», los niños del grupo de control eran considerablemente más pasivos.

Según Armstrong, si un niño puede ser óptimamente estimulado, tal vez no necesitara psicoestimulantes. ¿Podríamos estar utilizando psicoestimulantes para ayudar a los niños a adpatarse a lo que el doctor Armstrong llama «aulas plagadas de aburrimiento, gobernadas por la rutina y la repetición», en lugar de emplear el tiempo y el dinero necesarios para enriquecer el entorno educativo? Los psiquiatras Stella Chess y Alexander Thomas previenen contra la negligencia de tildar de hiperactivo a un niño que de hecho sólo es inquieto y revoltoso porque se encuentra en un aula aburrida con un maestro obtuso e incapaz de estimularle, que piensa que el niño es una «molestia».

## ¿Y QUÉ HACES TÚ?

A la vista de todas estas teorías científicas opuestas, muchos padres se encuentran perdidos cuando creen que su hijo muestra ciertos síntomas de DAD. La pregunta más importante sigue siendo la misma: ¿Qué tienen que hacer los padres si parece que su hijo está discapacitado para el aprendizaje por causas relacionadas con la concentración?

Hay dos pasos esenciales. Primero, repasar todos los hechos y hablar exhaustivamente con los maestros del niño y los consejeros escolares. Segundo, hablar con profesionales cualificados para planear una estrategia adecuada.

# ✖ Capítulo 11 ✖

# Concentración y potencial

Si hasta ahora has aprendido algo sobre concentración (¡y esperamos que sí!), quizá te apetezca emplearte a fondo en esta idea: La concentración implica, o está relacionada con, un cierto número de destrezas importantes que también son marcas de contraste de las personas de éxito. Esto no es coincidencia.

Empieza con la curiosidad y se desarrolla a medida que el niño va sabiendo qué le gusta o qué tema desconocido (es decir, «juguete») mantiene su interés. Al cumplir los dos años, su cerebro ha evolucionado lo suficiente para poder generar una idea, seleccionar las herramientas u objetos que necesita y llevar a cabo un plan, aunque sencillo, presentando una resistencia a la distracción que enorgullecería al ejecutivo más consagrado.

Poco a poco es capaz de recordar más objetos y de entender ideas y conceptos. En su camino hacia la madurez, aprende a relacionar los conocimientos que ya tiene con la actividad del presente (memoria) y a contener la natural tensión o ansiedad humana —que generan los problemas nuevos o difíciles— el tiempo preciso para reunir una información suficiente que podría serle útil en la resolución de tales problemas.

Jerome Kagan nos dice que la «tensión clave» de todo problema reside en que nuestra primera elección es recurrir a los conocimientos y habilidades que nos han dado resultado en el pasado, pero una parte de nosotros es consciente de que lo que antes nos ha servido, podría no ser adecuado para la nueva tarea y tenemos que modificarlo. Hemos de ser capaces de «mantenernos ahí», de perseverar lo bastante para superar esta tensión. Nuestros hijos aprenden esto poquito a poco si se les da mucho tiempo y estímulo adecuado a su edad. La concentración —que en origen parecía un concepto tan simple— evoluciona gradualmente gracias a todas estas tareas inherentes al desarrollo.

> **La habilidad para concentrarse aumenta de forma considerable la probabilidad de que el niño tenga una vida gozosa y útil.**

A medida que tu hijo crece, una de las formas más importantes y eficaces de ayudarle a desarrollar su capacidad y sus destrezas de concentración es que tú mismo sirvas de ejemplo. Los niños que ven padres capaces de concentrarse o de empeñarse en terminar una tarea —posiblemente retomando diversos elementos de la misma con mayor destreza cada vez— se identificarán con los padres y llegarán a considerar imporante que también ellos desarrollen destrezas similares. Aprenderán que, en casa, la concentración se valora.

Empieza tomando conciencia de algunos mensajes sutiles que transmitas a través de comentarios casuales. Si eres capaz, por ejemplo, podrías intentar erradicar de tu vocabulario la frase: «Date prisa y acaba». Es mucho más probable que promuevas la concentración con una afirmación del tipo de: «Puedes volver a tu tarea después de cenar». Si el niño aprende que esperas que termine la tarea o persevere en un proyecto, y que le proporcionarás tiempo para hacerlo —tanto para ti como para él—, llegará a esperar que su empeño culmine con éxito. Y el éxito llega. Tu hijo aprende lo que tú ya sabes y tan aptamente demuestras: la concentración y el éxito son compañeros.

Si eres un padre que persigue sus intereses o practica sus aficiones en el tiempo libre en lugar de sentarse frente al televisor, tu hijo también descubrirá que hay cosas más gratificantes que hacer, actividades que no solamente son aceptables sino además divertidas y gratas.

Si eres un padre que habitualmente dedica tiempo a investigar acontecimientos y actividades poco corrientes, tu hijo también sabrá que hay temas interesantes sobre los que aprender más, y mejores formas de aprender que la televisión, aunque es posible que ciertos programas televisivos puedan hacer saltar la chispa del interés si éste va seguido de actividad en la vida real.

Conocemos una madre que animaba a sus hijos a buscar nuevos y variados intereses, que los llevaba a acontencimientos culturales y visitaba museos con ellos. Un día, uno de sus hijos acudió a ella para preguntarle algo sobre un tema y ella respondió: «No lo sé». La respuesta inmediata del niño fue: «¿Y no lo *quieres* saber?», y la madre y el niño empezaron a aprender juntos. Demuestra a tus hijos que tienen todo el tiempo que necesitan para descubrir lo que quieran saber. Más adelante compensará.

Siendo adultos, la concentración nos ayuda a llevar una vida rica, permitiéndonos emprender trabajos y actividades recreativas que son placenteras en su ejecución y eminentemente satisfactorias en su consumación. No es de extrañar que los filósofos de todos los siglos hayan mostrado una reverencia casi mística por la concentración. Los adultos capaces de concentrarse tienen más probabilidades de llevar una vida gozosa y útil que aquellos cuya mente revolotea de un pensamiento a otro, que casi nunca terminan lo que empiezan y que raramente alcanzan sus objetivos. Bien podría ser que la concentración fuera una de las habilidades más importantes que distingue la felicidad del aburrimiento.

Piénsalo...

# EL NIÑO Y SU MUNDO

Títulos publicados:

1. **Juegos para desarrollar la inteligencia del bebé** - *Jackie Silberg*
2. **Juegos para desarrollar la inteligencia del niño de 1 a 2 años** - *Jackie Silberg*
3. **Luz de estrellas. Meditaciones para niños 1** - *Maureen Garth*
4. **Rayo de luna. Meditaciones para niños 2** - *Maureen Garth*
5. **Enseñar a meditar a los niños** - *David Fontana e Ingrid Slack*
6. **Los niños y la naturaleza** - *Leslie Hamilton*
7. **Rayo de sol. Meditaciones para niños 3** - *Maureen Garth*
8. **El jardín interior** - *Maureen Garth*
9. **300 juegos de 3 minutos** - *Jackie Silberg*
10. **Educar niños felices y obedientes con disciplina positiva** - *Virginia K. Stowe y Andrea Thompson*
11. **Juegos para hacer pensar a los bebés** - *Jackie Silberg*
12. **Luz de la tierra. Meditaciones para niños 4** - *Maureen Garth*
13. **El espacio interior** - *Maureen Garth*
14. **Comidas sanas y nutritivas para el bebé** - *Marie Binet y Roseline Jadfard*
15. **El ABC de la salud de tu hijo** - *William Feldman*
16. **Cómo contar cuentos a los niños** - *Shirley C. Raines y Rebecca Isbell*
17. **Niños felices** - *Michael Grose*
18. **Tu bebé juega y aprende** - *Penny Warner*
19. **Comidas sanas, niños sanos** - *Bridget Swinney*
20. **Enseña a tu hijo a ser creativo** - *Lee Hausner y Jeremy Schlosberg*
21. **Enseña a tu hijo a concentrarse** - *Lee Hausner y Jeremy Schlosberg*

# Juegos

### JUEGOS PARA DESARROLLAR LA INTELIGENCIA DEL BEBÉ
SILBERG, J.

288 páginas
**Formato:** 15,2 x 23 cm. Rústica
*El niño y su mundo 1*

### JUEGOS PARA DESARROLLAR LA INTELIGENCIA DEL NIÑO DE 1 A 2 AÑOS
SILBERG, J.

288 páginas
**Formato:** 15,2 x 23 cm. Rústica
*El niño y su mundo 2*

### LOS NIÑOS Y LA NATURALEZA
*Juegos y actividades para inculcar en los niños el amor y el respeto por el medio ambiente*
HAMILTON, L.

200 páginas
**Formato:** 15,2 x 23 cm. Rústica
*El niño y su mundo 6*

### 300 JUEGOS DE 3 MINUTOS
*Actividades rápidas y fáciles para estimular el desarrollo y la imaginación de los niños de 2 a 5 años*
SILBERG, J.

192 páginas
**Formato:** 15,2 x 23 cm. Rústica
*El niño y su mundo 9*

### JUEGOS PARA HACER PENSAR A LOS BEBÉS
*Actividades sencillas para estimular el desarrollo mental desde los primeros días de vida*
SILBERG, J.

144 páginas
**Formato:** 15,2 x 23 cm. Rústica
*El niño y su mundo 11*